CATALOGUE
DE LIVRES
ANCIENS ET MODERNES

PRINCIPALEMENT

SUR LA LITTÉRATURE ET L'HISTOIRE

Histoire de France. — Histoire des provinces de France. — Archéologie ancienne et moderne, etc.,

PROVENANT DE LA BIBLIOTHÈQUE DE M***,

Dont la vente aura lieu le Lundi 12 Mars 1860,

ET LES TROIS JOURS SUIVANTS,

à 7 heures précises du soir,

RUE DES BONS-ENFANTS, 28

(SALLE SILVESTRE).

Par le ministère de Me GAUTHIER, commissaire-priseur,

BOULEVARD POISSONNIÈRE, 12.

PARIS

EUGÈNE MEUGNOT, LIBRAIRE,

7, QUAI CONTI.

—

1860.

ORDRE DE LA VENTE.

1re Vacation : *Lundi* 12 *mars*.
Nos 1 à 195.

2e Vacation : *Mardi* 13 *mars*.
Nos 196 à 400.

3e Vacation : *Mercredi* 14 *mars*.
Nos 401 à 600.

4e Vacation : *Jeudi* 15 *mars*.
Nos 601 à 790.

Conditions de la Vente.

Il y aura, chaque jour de vente, exposition de 1 à 3 heures.

Les livres vendus devront être collationnés sur place, dans les 24 heures de l'adjudication. Passé ce délai, ou une fois sortis de la salle de vente, ils ne seront repris pour aucune cause.

Les articles au-dessous de 12 fr. ne seront admis à rapport que dans le cas où ils seraient incomplets.

Les ouvrages adjugés au-dessous de 12 fr. et qui se trouveraient incomplets ou atteints de graves défectuosités seront revendus.

Les adjudicataires payeront, en sus des enchères, 5 centimes par franc, *applicables aux frais de la vente.*

Le libraire chargé de la vente recevra les commissions des personnes qui ne pourraient y assister.

CATALOGUE

DE LIVRES

ANCIENS ET MODERNES.

HISTOIRE DES RELIGIONS.

Histoire ecclésiastique.

1. Æloim ou les dieux de Moïse, par P. Lacour. Bordeaux, 1839, 2 vol. in-8, br., figures.

2. Pantheum mythicum seu fabuloso deorum anctore Francisco Pomey. Ultrajecti, 1697. Pet. in-8, vélin, grand nombre de figures.

3. Recherches sur la nature du culte de Bacchus en Grèce, et sur l'origine de la diversité de ses rites. Paris, 1821. In-8, dem.-rel.

4. Discours de la Religion des anciens Romains, par Guillaume du Choul. Lyon, 1567. 1 vol. in-8, relié veau plein, fig.

5. Histoire abrégée des différents Cultes, par J. A. Dulaure, seconde édition. Paris, 1825. 2 vol. in-8, demi-veau.

6. Recherches historiques sur la personne de Jésus-Christ, sur celle de Marie, etc., par un ancien bibliothécaire (G. Peignot). Dijon, 1829, In-8, br.

7. Examen du Mosaïsme et du Christianisme, par M. Reghellini de Schio. Paris, 1834. 3 vol. in-8, br.

8. Notes historiques, biographiques, archéologiques et littéraires, concernant les premiers siècles chrétiens, par Greppo. Lyon, 1841. In-8, pap. vél., br.

9. Antiphonaire de saint Grégoire. Fac-simile du manuscrit de Saint-Gall (copie authentique de l'autographe écrit vers l'an 790), par le R. P. L. Lambillotte. Paris, 1851. In-4, br., fig.

10. Pia desideria emblematis elegiis et affectibus SS. patrum illustrata authore Hermanno Hugone Societatis Jesus. Antuerpiæ, 1628. In-18, bas.
    Nombreuses figures sur bois.

11. Choix des petits Traités de morale de Nicole ; édition revue et corrigée, par Silvestre de Sacy. Paris, 1857. In-18, demi-rel., veau.

12. Le Bréviaire de Jacques Amyot. Paris, 1829. In-18, br.

13. Monacologie illustrée de figures sur bois. Paris, 1844. 1 vol. in-12, broché.

14. Véritable origine des biens ecclésiastiques, accompagnée de Notes historiques, par M. Rozet. Paris, 1790. In-8, veau.

15. Recherches sur les Miracles, par l'auteur de l'Examen des apologistes de la religion chrétienne. Londres, 1773. In-12, veau.

16. Taxe de la chancellerie romaine, ou la Banque du pape, dans laquelle l'absolution des crimes les plus énormes se donne pour de l'argent. Rome, 1744. 2 parties en un vol. in-12, bas.

17. Traité contre les danses et les mauvaises chansons. Paris, 1775. In-12, veau.

18. Histoire des ordres monastiques, par Musson. Berlin, 1751. 5 vol. in-12, demi-bas.

19. Essai sur l'histoire des ordres royaux, hospitaliers et militaires de Saint-Lazare de Jérusalem et de Notre-Dame-du-Mont-Carmel. Liége, 1775. In-12, br.

20. Histoire critique et apologétique de l'ordre des chevaliers du Temple de Jérusalem, dits Templiers, par R. P. M. J. (Mansuet jeune). Paris, 1789. 2 vol. in-4, demi-rel. veau.

21. Monuments historiques relatifs à la condamnation des chevaliers du Temple, par Raynouard. Paris, 1813. In-8, br.

22. Manuel des chevaliers de l'Ordre du Temple. Paris, 699, (1817). In-8, br.

SCIENCES ET ARTS.

Arts et Métiers.

23. Guide pour le choix d'un état ou Dictionnaire des professions. Deuxième édition. Paris, 1851. In-8, br.

24. Mémoires sur quelques points d'Economie publique lus au lycée en 1800 et 1801, par Rœderer. Paris, 1840. In-8, br.

25. Steph. Blancardi. Anatomia reformata. Sive concisma corporis humani Dissectio. Lugd Batav., 1695. In-8, vélin, fig.

26. Jo. Batis. Portæ de humana physiognomia, lib. VI. Naples, 1602. In-4, vélin, fig.

27. Physiognomie, ou l'Art de connaître les hommes sur leur physionomie, extrait de Lavater et de plusieurs autres excellents auteurs, par J. M. Plane. Meudon, 1797. 2 vol. in-8, rel. veau plein, fig.

28. De la Prostitution en Europe depuis l'antiquité jusqu'à la fin du

XVIe siècle, par Rabutaux, avec une bibliographie, par P. Lacroix. Paris, 1851. In-4, br., fig.

29. Histoire de la télégraphie, par M. Chappe l'aîné. Paris, 1824. In-8, br., avec un vol. de planches.

30. Geometria a Renato Descartes, anno 1637, gallice edita poste a autem una cum notis Florimondi de Beaume. Amstelodami, Elz. 1659. Pet. in-4, rel., parchemin.

31. Histoire des Cordonniers et des Artisans dont la profession se rattache à la cordonnerie, par MM. Paul Lacroix (bibliophile Jacob), Alphonse Duchêne et Ferdinand Seré. Paris, 1852. 1 vol. in-4, fig.

32. Histoire de la coiffure, de la barbe et des cheveux postiches, depuis les temps les plus reculés jusqu'à nos jours, d'après Molé, Thiers, etc. Paris, 1851. In-4, br.

33. Histoire de l'Orfèvrerie, Joaillerie et des anciennes communautés et confréries d'orfèvres-joailliers de France et de la Belgique, par Paul Lacroix (bibliophile Jacob). Paris, 1850. In-4, br., fig.

34. Essai sur l'Art industriel, par Ch. Laboulaye. Paris, 1856. In-4, br., fig.

35. Essai sur l'origine de l'Ecriture, sur son introduction dans la Grèce et son usage jusqu'au temps d'Homère. Paris, 1832. In-8, dem.-ch., fig.

36. Mémoire sur l'Ecriture cunéiforme assyrienne, par M. Botta. Paris, 1848. In-8, broché.

37. Graphodrome ou Ecriture cursive, par F. J. Astier. Paris, 1816. In-8, broché.

38. Les Hiéroglyphes français, ou Méthode figurative appliquée à l'instruction primaire, par Ch. Chesnier. Paris, 1843. Gr. in-8, br.

39. Le livre de la Chasse du grand seneschal de Normandye et les ditz du bon chien Souillard, qui fut, au Roy Louis XIe de ce nom, publié par le baron Pichon. Paris, Aubry, 1858. In-12, cart., non rogné.

40. De la Musique à Nantes, depuis les temps les plus reculés, par Ch. Mellinet. Nantes, 1837. In-8, demi-veau.

Beaux-Arts.

41. Manuel de l'Histoire générale de l'architecture chez tous les peuples, par Ramée. Paris, 1843. 2 vol. in-12, demi-rel.

42. Essai sur le Paysage, dans lequel on traite des diverses méthodes pour se conduire dans l'étude du paysage, par Lecarpentier. Paris, 1817. In-8, br., fig.

43. De la Peinture à l'huile, par Mérimée. Paris, 1830. In-8, br.

44. Lettres d'un antiquaire à un artiste sur l'emploi de la peinture historique murale, par Letronne. Paris, 1836. In-8, rel. demi-veau.

45. Traité de perspective à l'usage des artistes, par Edme-Sébastien Jeaurat. Paris, 1750. In-4, veau, fig.

46. Nouveau Manuel des artistes, ou le Guide des peintres, sculpteurs, etc., etc. Paris, 1830. 3 vol. in-12, br.

47. Le Trésor des artistes et des amateurs des arts, ou le Guide des peintres, sculpteurs, dessinateurs, etc., etc., dans le choix des sujets allégoriques ou emblématiques. Paris, 1811. 3 vol. in-12, demi-rel. grand nombre de figures.

48. Essai historique sur la Lithographie, par G. Peignot. Paris, 1819. In-8, fig.

49. Batailles d'Alexandre le Grand, roi de Macédoine, peintes en cinq tableaux, par le Brun, gravés par Sébastien Clerc. Paris, 1784. In-4, demi-rel.

50. Analyse de la Beauté destinée à fixer les idées vagues qu'on a du goût. Traduit de l'anglais de G. Hogarth. Paris, 1805. 2 vol. in-8, demi-rel.

51. Galerie des peintres célèbres, par Lecarpentier. Paris, 1821. 2 vol. in-8, br.

52. Œuvres complètes d'Antoine Raphaël Mengs, premier peintre du roi d'Espagne, etc. Paris, 1786. 2 vol. in-4, demi-veau.

53. La Vie de Pierre Mignard, premier peintre du roy, par l'abbé Monville. Amsterdam, 1731. In-12, v. br.

54. Rubens et l'École d'Anvers, par Michiels. Paris, 1854. In-8, br.

55. Catalogue raisonné des tableaux du roy, avec un Abrégé de la vie des peintres, fait par ordre du roi, par Lepicié. Paris, 1752. 2 vol. in-4, veau.

56. L'Alphabet de la mort de Hans Holbein, publié d'après les manuscrits, par Anatole de Montaiglon. Paris, 1856. In-8, relié en toile, illustré.

57. Iconologie, ou la Science des emblèmes, devises, etc., qui apprend à les expliquer, dessiner et inventer, par César Ripa. Amsterdam, 1698. 2 vol. in-12, fig., veau brun.

58. La Science et l'Art des devises dressez sur de nouvelles règles, par le Père Ménestrier. Paris, 1686. In-8, veau.

59. Les Emblèmes d'Alciat. 1594. In-8, cartonné. Incomplet.

BELLES-LETTRES.

Linguistique.

60. Essai sur le langage, par M. A. Charma. Paris, 1846. In-8, br.

61. Lecture littérale des hiéroglyphes et des cunéiformes, par l'auteur de la Dactylologie (Barrois). Paris, 1853. In-4, br.

62. Septem linguarum Calepinus, hoc est Lexicon latinum, variarum linguarum interpretatione adjecta in usum seminarii Pativini, editio octava emendatior et auctior. Pativii, 1758. 2 vol. in-fol., parchemin.

63. Dactylologie et langage primitif restitué d'après les monuments, par Barrois. Paris, 1850. In-4, br. — Lecture littérale des hiéroglyphes et des cunéiformes, application de la doctrine dactylologique, par le même. In-4, br.

64. Eléments carlovingiens, linguistiques et littéraires, par Barrois. Paris, 1846. In-4, dem.-rel., veau.

65. Grammaire comparée des langues de l'Europe latine, par Raynouard. Paris, 1821. In-8, br.

66. Lexique roman, ou Dictionnaire de la langue des troubadours comparée avec les autres langues de l'Europe latine, par Raynouard. Paris, 1844. 6 vol. gr. in-8, br.

67. Histoire de la langue romane (roman provençal), par Francisque Mandet. Paris, 1840. In-8, br.

68. Discours sur l'origine et les révolutions des langues celtique et française. Paris, 1780. In-8, br. (54 p.)

69. Recherches sur les langues celtiques, par W. Edwards. Paris, 1844. In-8, br.

70. Dictionnaire roman, walon, celtique et tudesque, par un religieux bénédictin de la congrégation de Saint-Vannes. Bouillon, 1777. In-4, dem.-rel.

71. Dictionnaire celto-breton ou breton-français, par J.-F.-M.-M.-A. le Gonidec. Angoulême, 1821. In-8, cart.

72. Dictionnaire français-breton de le Gonidec, enrichi d'additions et d'un essai sur l'histoire de la langue bretonne, par Th. Hersart de la Villemarqué. Saint-Brieuc, 1847. In-4, br.

73. Recherches sur l'histoire du langage et des patois de Champagne, par Tarbé. Reims, 1851. 2 vol. in-8, br.

74. Trésor des origines et Dictionnaire grammatical raisonné de la langue française, par Ch. Pougens. Paris, 1819. In-4, dem.-veau.

75. Remarques morales, philosophiques et grammaticales, sur le Dictionnaire de l'Académie françoise. Paris, 1807. In-8, br.

76. Dictionnaire raisonné des onomatopées de la langue française, par Ch. Nodier. Paris, 1828. In-8, dem.-rel.

77. Histoire abrégée de la langue et de la littérature françaises, par F. Barthe. Paris, 1838. In-8, broché.

78. Glossaire genevois, ou Recueil étymologique des termes dont se compose le dialecte de Genève, avec les principales locutions défectueuses en usage dans cette ville. 2e édition. Genève, 1827. In-8, demi-veau

79. Vocabulaire français-malais, par Ch. Bougourd. Le Havre, 1856. In-8, broché.

80. Mémoire sur le système grammatical des langues de quelques nations indiennes de l'Amérique du Nord. Paris, 1838. In-8, br.

81. La Philologie appliquée à l'histoire, autrement origine et valeur des six noms Versailles et Trianon, Paris, Louvre, Tuileries et Louis-Napoléon, par Lapaume. Versailles, 1857. 3 vol. in-8, br.

82. Les guerres d'idiome et de nationalité, par M. Paul de Bourgoing. Paris, 1849. Gr. in-8, br.

Poésie.

83. Les Silves de Publius Papinius Stace, traduites en français par Delatour. Paris, 1819. In-8, dem.-rel.

84. Fables de Phèdre, affranchi d'Auguste. Paris, 1806. 2 vol. in-18, br., fig., pap. vél.

85. De l'existence d'une épopée franke à propos de la découverte d'un chant populaire mérovingien, par Rathall. Paris, 1848. In-8, broché.

86. La Chanson de Roland, poëme de Theroulde, texte critique accompagné d'une traduction, par F. Genin. Paris, impr. nationale, 1850. In-8, br.

87. Dissertation sur le roman de Roncevaux, par H. Monin. Paris, 1832. In-8, br.

88. Fragments d'épopées, romanes du XIIe siècle, traduits et annotés, par Edward le Glay. Paris, 1838. In-8, br.

89. Observations philologiques et grammaticales sur le roman de Rou, et sur quelques règles de la langue des trouvères au XIIe siècle, par Raynouard. Rouen, 1829. In-8, br.

90. Des Troubadours et des cours d'amour, par Raynouard. Paris, 1817. In-8, br.

91. La Chanson des Saxons, par Jean Bodel, publiée pour la première fois par Francisque Michel. Paris, 1839. 2 vol. in-8, cart.

92. Poésies latines de Rosvith, religieuse saxonne, du Xe siècle. Paris, 1854. Gr. in-8, br.

93. Li Romans de Parise la duchesse, publié par G.-F. de Martonne. Paris, 1836. In-8, cart.

94. La Chevalerie Ogier de Danemark, par Raimbert de Paris. Paris, 1842. 2 vol. in-8, cart.

95. Le roman du Renart, publié par Méon. Paris, 1826. 4 vol. in-8, br., figures.

96. Les romans du Renart, examinés, analysés et comparés, d'après les textes manuscrits les plus anciens et par Rothe. Paris, 1845. In-8, br.

97. Le roman de Horn et Rimenhild, publié d'après un manuscrit du XIIIe siècle, par Francisque Michel. Paris, 1841. In-4, maroq. rouge, non rogné.

98. Li romans des Sept Sages, nach der pariser handschrift herausgegeben von H.-A. Keller. Tubingen, 1836. In-8, br.

99. La Complainte d'outre-mer et celle de Constantinople, par Rutebeuf, publiée par Achille Jubinal. Paris, 1834. In-8, br.

100. Le Sermon de Guichard de Beaulieu, XIIIe siècle, publié pour la première fois. Paris, 1834. In-8, br. (imprimé en gothique.)

Tiré à petit nombre.

101. La Légende latine de S. Brandaines, avec une traduction inédite, en prose et en poésie romanes, publiée par Achille Jubinal. Paris, 1836. In-8, br.

102. Les douze Dames de rhétoriques, publiées pour la première fois d'après les manuscrits de la Bibliothèque royale, par Louis Batissier, et ornées de gravures par Schaal. Paris, 1838. In-4, dem.-rel., non rogné.

103. Lais inédits des XIIe et XIIIe siècles, publiés par Francisque Michel. Paris, 1836. In-8, br.

104. Des XXIII manières de vilains, pièce du XIIIe siècle, accompagnée d'une traduction en regard, par Achille Jubinal, suivie d'un commentaire par Eloi Johanneau. Paris, 1834. In-8, br.

105. Adam, représentation de la Chute du premier homme. Imitation du drame anglo-normand du XIIe siècle. Paris, 1855. Gr. in-8, br.

106. Gilles de Chin, poëme de Gautier de Tournay, trouvère du XIVe siècle. Bruxelles, 1847. In-4, br.

107. Théâtre français au moyen âge, publié d'après les manuscrits de la Bibliothèque du roi, par Monmerqué et Francisque Michel. Paris, 1839. Gr. in-8, br.

108. Le Romancero du Cid, traduction nouvelle, par Antony Rénal. Paris, 1842. 2 vol. in-8, br.

109. Essais historiques sur les Bardes, les Jongleurs et les Trouvères normands et anglo-normands, par l'abbé De la Rue. Caen, 1834. 3 vol. in-8, cart.

110. Romans et Épopées chevaleresques de l'Allemagne au moyen âge, par le baron de Bonstettein. Paris, 1847. In-8, br.

111. Fabliaux ou Contes du XIIe et du XIIIe siècles, par Legrand d'Aussy. Paris, 1779. 4 vol. in-8, bas.

112. Œuvres complètes de Rutebeuf, trouvère au XIIIe siècle, recueillies et mises au jour pour la première fois par A. Jubinal. Paris, 1839. 2 vol. in-8, br.

113. Œuvres complètes du roi René. Paris, 1846. 4 vol. in-4, br., fig.

114. Nouveau recueil de Contes dits Fabliaux, et autres pièces inédites des 13e, 14e et 15e siècles, par Achille Jubinal. Paris, 1839. 2 vol. in-8, br.

115. Blasons, poésies anciennes des XVe et XVIe siècles, par M. (Méon). Paris, 1809. In-8, br.

116. Jean Joret, poëte normand du xve siècle, escripteur des rois Charles VII, Louis XI et Charles VIII, par Luthereau. Paris, 1841. In-8, br.

117. Poésies du roi François Premier, de Louise de Savoie, duchesse d'Angoulême, recueillies et publiées par Aimé Champollion-Figeac. Paris, 1847. In-4, br.

118. Œuvres de maistre François Villon, corrigées et complétées d'après plusieurs manuscrits qui n'étaient pas connus, par J. B. R. Prompsault. Paris, 1832. In-8, demi-veau.

119. Evvres de Lovize Labé Lyonnoize à Lion, par Dvrand et Perrin. 1824. In-8, pap. vél., br.

120. Recueil des plus belles pièces des poëtes français, tant anciennes que modernes, depuis Villon jusqu'à M. de Benserade. Paris, 1691. 4 vol. in-12, veau.

121. Les Satyres et autres œuvres de Regnier. Londres, 1729. In-4, veau.

122. Les œuvres de M. Regnier, contenant ses Satyres et autres pièces de poësie. Amsterdam, S. D. Pet. in-8, veau.

123. Poésies de d'Aceilly. Paris, 1825. In-18 br., de la collection des petits classiques de la duchesse de Berry.

Manque le titre.

124. Les Chevilles de Me Adam, menuisier de Nevers. Paris, 1644. In-4, bas.

125. Œuvres de maistre Adam Billaut, menuisier de Nevers. Paris, 1806. In-12, br.

126. Œuvres d'Adrien de Sarrazin. Paris, 1825. 6 vol. in-18, br., fig.

127. Œuvres de Jean Rotrou. Paris, 1820. 5 vol. in-8, dem.-rel. maroq.

128. Œuvres complètes d'Arnaud d'Aubasse, maître Peigner de Villeneuve-sur-Lot, mises en ordre et précédées d'une notice par H. E... Villeneuve-sur-Lot, 1839. In-8, br.

129. Le Petit Chansonnier français, ou Choix des meilleures chansons sur des airs connus. Genève, 1778. In-12, veau.

130. Recueil de contes et poëmes par M. D., ci-devant mousquetaire. 3e édition. La Haye, 1770. In 8, veau.

131. Œuvres de Reyrac de l'Académie des inscriptions et belles-lettres. Paris, an VII. In-8, dem.-rel., chag., non rog.

132. La mort de Henri-Quatre, roi de France, tragédie par G. Legouvé. Paris, 1806. In-8, veau.

133. Vie, poésies et pensées de Joseph Delorme, deuxième édition. Paris, 1830. In-8, br.

134. La Pléiade, ballades, fabliaux, nouvelles et légendes. Paris, 1842. In-8, dem.-rel. chag., fig.

135. Poésies de Madame Louise Colet. Paris, 1842. In-4, pap. vél., br.
Tiré à 25 ex. (N° 7.)

136. Recueil de poésies, par Barbey-d'Aurevilly. Paris, 1835. In-8, br., pap. fort.
Tiré à 36 ex.

137. Edda, ou Monuments de la poésie et de la mythologie des anciens peuples du Nord, par Mallet. Genève, 1715. In-8, cart.

Poésie provençale.

138. Le Troubadour, poésies occitaniques du XIII° siècle, traduites et publiées par Fabre d'Olivet. Paris, 1804. 2 vol. in-8, demi-veau.

139. Essai d'un Glossaire occitanien pour servir à l'intelligence des poésies des troubadours. Toulouse, 1819. In-8, bas. pleine.

140. Observations sur la langue et la littérature provençale, par Schlegel. Paris, 1818. Gr. in-8, br.

141. Poésias patouèzas del Taralié Peyrottes. Montpellier, 1840. In-8, br.

142. Li Margarideto, poésies provençales par J. Roumanille. Paris, 1847. In-8, dem.-rel.

143. Rosos et Pimpanélos, poésies languedociennes, par Lucien Mengaud. Toulouse, 1845. Gr. in-8, br.

144. Las flors du Gay Saber estier Dichas las leys d'amors. Toulouse, 1841. Gr. in-8, br.

145. Flurétas per Moussu de Gibious. Paris, 1846. In-12, br.

146. Lou Galoubé de Jacintou Morel, ou Pouésious provençalous d'aquel outour, reculidous per seis amis. En Avignon, 1828. In-12, br.

147. Las pimpanélos par Lucien Mengaud. Toulouse, 1841. In-12, br., pap. vél.

148. Recueil de noels provençaux, par Nicolas Saboly, nouvelle édition. Avignon, 1845. In-18, dem.-rel.

Romans. — Contes, etc. — Mélanges littéraires.

149. De Amoribus Pancharitis et Zoroæ poema erotica didacticon seu umbratica lucubratio de cultu Veneris. Paris, an IX. In-8, dem.-rel.

150. Les Éthiopiennes, ou Theagènes et Chariclée. Roman écrit en grec par Heliodore, traduit par Quenneville. Paris, an XI. 3 vol. in-12, demi-veau, fig.

151. Histoire des nobles prouesses et vaillances de Gallien Restauré. Troyes, S. D. In-8, br.

152. Histoire de Huon de Bordeaux, pair de France, duc de Guienne, contenant ses faits et actions heroïques, etc., en deux livres. Troyes, S. D. 2 vol. in-8, br.

153. L'histoire du Châtelain de Coucy et de la dame de Fayel, composée dans le 13e siècle et mise en français d'après le manuscrit de la Bibliothèque du Roi. Paris, 1829. 1 vol. in-8, br., fig.

154. Les cent Nouvelles nouvelles, suivent les cent Nouvelles contenant les cent Histoires nouveaux qui sont moult plaisans a raconter, en toutes bonnes compagnies; par manière de joyeuseté. La Haye, 1723. 2 vol. in-18, veau brun.

155. Songe de Poliphile, traduction libre de l'italien, par Legrand. Paris, 1804. 2 vol. in-18, demi-maroq.

156. Contes de la reine de Navarre. Paris, 1833. 3 vol. in-8, br.

157. La Ruelle mal assortie, ov Entretiens amovrevx d'vne dame éloqvente auec un cavalier gascon, etc., par Margverite de Valois. Paris. 1855. In-12, br.

158. Etudes sur l'Astrée et sur Honoré d'Urfé, par N. Bonafous. Paris, 1846. In-8, br.

159. La Journée des Madrigaux, suivie de la Gazette de Tendre, avec la carte de Tendre. Paris, 1856. In-12, br.

160. Le Barbon. Paris, Augustin Courbé, 1648. In-4, maroquin. (Armes.)

161. Mémoires de Hollande, histoire particulière en forme de roman par Mme la comtesse de la Fayette, publié par Barbier. Paris, 1856. In-18, bas., avec un supplément.

162. Lettres portugaises, nouvelle édition, avec les imitations en vers, par Dorat. Paris, 1806. In-12, pap. vélin, br.

163. Les Tours de maistre Gonin enrichis de figures en taille-douce. Paris, 1713. 2 vol. in-12, veau.

164. Le Conte du Tonneau, contenant tout ce que les arts et les sciences ont de plus sublime et de plus mystérieux, par Swift. La Haye, 1756. 3 vol. in-12, veau.

165. L'Année des dames, ou le Calendrier des citoyennes, histoire, jour par jour, d'une femme de la République française, par Rétif de la Bretonne. Paris, 1794. 12 vol. in-12, bas., fig.

166. La Confidence nécessaire, ou lettres de mylord Austin de Norfolk à mylord Humfrey de Dorset, par Rétif de la Bretonne. La Haye, 1769. 2 part. en 1 vol. in-12, dem.-rel.

167. Soirées de Ferney, ou Confidences de Voltaire recueillies par un ami de ce grand homme. Paris, 1802. In-8, br.

168. Franciscus Columna, dernière nouvelle de Charles Nodier, précédée d'une notice par J. Janin. Paris, 1844. In-12, br., pap. vélin.

169. Histoire de la sœur Inès. Paris, 1832. In-12, broché, pap. vélin.

170. Traditions populaires comparées, par Désiré Monnier avec collaboration de Vingtrinier. Paris, 1851. In-8, br.

171. Iu-Kiao-Li, ou les deux Cousines, roman chinois traduit par Abel Rémusat. Paris, 1826. 4 vol. in-12, br.

172. Yu-le-Grand et Confucius, histoire chinoise, par Clerc. Soissons, 1769. Grand in-8, relié, veau plein.

173. Fables héroïques renfermant les plus saines maximes de la politique et de la morale, publiées par Bruzen de la Martinière, à l'usage du prince des Asturies. Amsterdam, 1754. 2 vol. in-12, veau, fig.

174. Choix de contes et de poésies Erses, traduits de l'anglais. Amsterdam, 1772. In-12, dem.-rel.

---

175. Dictionnaire des proverbes françois et des façons de parler comiques, burlesques et singulières. Paris, 1758. In-12, bas.

176. Dictionnaire comique, satyrique, critique, burlesque, libre et proverbial, par Ph.-Joseph Le Roux. Nouvelle édition. Amsterdam, 1750. 2 vol. in-8, veau.

177. Histoire des révolutions de la barbe des Français, depuis l'origine de la monarchie. Paris, 1826. In-32, br.

178. Le Livre des singularités, par G.-P. Philomneste (Gabriel Peignot). Dijon, 1841. In-8, br.

179. Sévigniana, ou Recueil de pensées ingénieuses, d'anecdotes tirées des lettres de la marquise de Sévigné. Paris. 2 tomes en 1 vol. in-12, dem.-rel.

180. Mémoires de l'Académie des sciences, belles-lettres, beaux-arts, et ci-devant établie à Troyes en Champagne (par Grosley). 3e édition. 1768. In-12, veau.

181. Predicatoriana, ou Révélations singulières sur les prédicateurs, par G.-P. Philomneste. Dijon, 1841. In-8, br.

182. Amusements philologiques, ou Variétés en tous genres, par G.-P. Philomneste (Gabriel Peignot). Dijon, 1824. In-8, br.

183. Du Dandysme et de G. Brummell, par J.-A. Barbey-d'Aurevilly. Caen, 1845. In-12 carré, papier vélin.

184. Histoire de la querelle des anciens et des modernes, par H. Rigault. Paris, 1856. In-8, br.

185. Bonaventure Despériers, Cirano-Bergerac, par M. Ch. Nodier. Paris, Techener, 1841. In-12, br.

186. Une Lettre inédite de Montaigne, accompagnée de quelques recherches à son sujet, précédée d'un avertissement, suivie de plusieurs fac-simile, etc., par A. Jubinal. Paris, 1850. Brochure in-8.

187. OEuvres inédites de P.-J. Grosley, édition originale donnée par Patris-Dubreuil. Paris, 1813. 3 vol. in-8, pap. vél., br.

188. Ephémérides de P.-J. Grosley, membre de plusieurs académies, mis en ordre par L.-M. Patris-Dubreuil. Paris, 1811. 2 vol. in-8, pap. vél., br.

189. Récréations philologiques, par F. Génin. Paris, 1856. 2 vol. in-8, br.

190. Etudes de philologie et de critique, par Ouwaroff. Paris, 1845. In-8, br.

191. Du Romancium occidental, ou Etudes et recherches historiques et philologiques sur nos origines, par Massé. Marseille, 1847. 3 vol. in-8, br.

192. Pensées de Jean-Paul, extraites de tous ses ouvrages, traduites de l'allemand, par le marquis de La Grange. Paris, 1836. In-8, br.

193. Sagas du Nord, par Louis de Bœcker. Paris, 1857. In-8, br.

194. Monuments littéraires de l'Inde, ou Mélanges de littérature sanscrite, par Langlois. Paris, 1827. In-8, dem.-veau.

195. De la Littérature des nègres, par Grégoire. Paris, 1808. In-8, br.

HISTOIRE DE FRANCE.

Introduction. — Histoire générale et particulière.

196. Les Druides, par J. Bouché de Cluny. Paris, 1844. In-8, br.

197. Histoire des Celtes et principalement des Gaulois et des Germains, par Pelloutier. Paris, 1771. 8 vol. in-12, veau.

198. Histoire des Gavles, et conquêtes des Gavlois en Italie, Grèce et Asie, par messire Antoine de Lestang. A Bovrdeavs, 1618. In-4, vélin.

199. Histoire de la Gaule, par Serpette de Marincourt. Paris, 1822. 3 vol. in-8, veau.

200. La Gaule poétique, par de Marchangy. 5e édition. Paris, 1836. 8 vol. in-8, br., fig.

201. Recueil d'antiquités dans les Gaules, ouvrage qui peut servir de suite aux antiquités de feu M. le comte de Caylus, par M. de La Sauvagère. Paris, 1770. In-4, veau, fig.

202. Abrégé des antiquités nationales, ou Recueil de monuments pour servir à l'histoire de France, par Millin. Paris, 1837. 4 liv. in-4, br., planches.

203. Voyage dans les départements du midi de la France, par Millin. Paris, 1807. 4 tomes en 5 vol., in-8, br., avec atlas.

204. Itinéraires romains de la Gaule, publiés avec les variantes des manuscrits, des tables, des concordances et des notes, par Léon Renier. Paris, 1850. In-12, br., carte.

205. Notices sur les anciens Trévirois, suivies de recherches sur les chemins romains qui ont traversé le pays des Trévirois. Trèves, 1809. In-8, br.

206. Voyage dans la vieille France, etc., par Jodocus Sincerus, traduit du latin, par Thalès Bernard. Paris, 1859. In-12, br.

207. De l'état civil des personnes et de la condition des terres dans les Gaules dès les temps celtiques jusqu'à la rédaction des coutumes. *En Suisse*, 1786. 2 vol. in-4, veau plein.

208. De l'état civil des personnes et de la condition des terres dans les Gaules dès les temps celtiques jusqu'à la rédaction des coutumes, par Perreciot. Paris, 1845. 3 vol. in-8, br.

209. Histoire des grandes forêts de la Gaule et de l'ancienne France, par Maury. Paris 1850. In-8, br.

210. Recherches statistiques sur les forêts de la France, par Faiseau Lavanne. Paris, 1829. In-4, br.
Carte et tableaux.

211. Les Rivières de France, ou Description géographique et historique du cours et du débordement des rivières, par le sieur Coulon. Paris, François Clousier, 1644. 2 vol. in-8, maroquin rouge, dorés sur tranches. (Fatigué.)

212. Nouvelles recherches sur la ville gauloise d'Uxellodunum, assiégée et prise par César, par M. Champollion-Figeac. Paris, 1820. In-4, broché.

213 Antiquités nationales, ou Recueil de monuments, par Millin. Paris, an VII. 5 vol. in-4, dem.-rel., fig.

214. Nouveau voyage de France géographique, historique et curieux, par M. L. R. (Saugrain). Paris, 1778. In-12, bas.

215. Voyages en France, ornés de gravures, avec des notes, par La Mesangère. Paris, an IV. 4 vol. in-18, veau. Figures.

216. Les Jeunes Voyageurs, ou Lettres sur la France, en prose et en vers, ornées de 88 gravures, par L. N. A. et C. T***. Paris, 1821. 6 vol. in-18, br., papier vélin.

217. Description historique de la France, par A. Mazas. Paris, 1850. In-4, br. —Zone méridionale. — Languedoc et Provence.

218. Histoire des corporations religieuses de France, par E. Duthilleul. Paris, 1846. In-8, br.

219. Huit brochures in-8 : Les Souterrains-refuges, par de Longuemar. — Rapport verbal sur une excursion archéologique en Lorraine, par de Caumont. — Trois Voies romaines du Boulonnais, par M. Cousin. — Rapport sur les découvertes archéologiques faites à Neuville-sur-Seine en 1851, par Coutant, etc., etc., etc.

220. Mémoires de l'Académie celtique, ou Mémoires d'antiquités celtiques, gauloises ou françaises. Paris, 1810. 5 vol. in-8, demi-rel. maroq.

221. Annuaire de l'Institut des provinces, des Sociétés savantes et des Congrès scientifiques. Années 1852 à 1859 inclus. Ens., 8 vol. in-12 et in-8.

222. Bulletins de la Société des antiquaires de l'Ouest. Années 1835 à 1858 inclus, en livraisons. — Manque 1835, 1er et 2e trimestres ; 1841, 4e id. ; 1846, 4e id. ; 1847, 1er id. ; 1848, 4e id. ; 1850, 1er id. ; 1852, 3e id. ; 1854, 1er id.

223. Mémoires de la Société des antiquaires de l'Ouest. Années 1837, 1841, 1843, 1844, 1845, 1846, 1847, 1852, 1856. Ens., 9 vol. in-8, broch.

224. Cours d'Antiquités monumentales professé à Caen en 1830, par M. de Caumont. Paris, 1841, 4e et 6e parties. 2 vol. in-8, et 2 atlas.

225. Bulletin monumental, ou Collection de mémoires sur les monuments historiques de France, par M. de Caumont. Tomes 9 et 17 à 25.

Manque le dernier numéro de 1859.

226. Congrès archéologique de France. Années 1842 à 1858. (Manque 1846, XIIIe session), en 8 vol. in-8, br.

---

227. Capitularia Regum Francorum Stephanus Baluzius. Paris, 1677. 2 vol. in-fol., relié veau plein.

228. Abrégé chronologique des grands fiefs de la couronne de France, par le président Hénault. Paris, 1759. In-12, veau.

229. Les Archives de France, par Henri Bordier. Paris, 1855. In-8, broché.

230. Dictionnaire des fiefs et autres droits seigneuriaux, utiles et honorifiques, par Laplace. Paris, 1757. In-8, veau.

231. Histoire de la Vie privée des Français, depuis l'origine de la nation jusqu'à nos jours, par M. le Grand-d'Aussy. Paris, 1782. 3 vol. in-8, demi-bas.

232. Le Bouquet historial, par M. F. B., advocat en Parlement. Lyon, 1668. In-18, dem.-rel.

233. Du Sacre des rois de France, par Clausel de Coussergues. Paris, Egron, 1825. In-8, rel. dem.-veau.

234. Des Cérémonies du sacre, ou Recherches historiques et critiques sur les mœurs et coutumes de l'ancienne monarchie, par Leber. Paris, 1825. In-8, br. 48 pl.

235. Dissertations sur quelques points curieux de l'Histoire de France, sur les manuscrits relatifs à l'Histoire de France et à la littérature française conservés dans les bibliothèques d'Italie, par P. L. Jacob. Paris, 1839. In-8, br. pap. vélin.

Tiré à 50 exemplaires.

236. Essais sur l'Histoire de France, par F. Guizot. Paris, 1823. In-8, dem.-rel., veau.

237. Tristan le Voyageur, ou la France au XIVe siècle, par de Marchangy. Paris, 1825. 6 vol. in-8, br.

238. Annales du moyen âge, comprenant l'Histoire des temps qui se sont écoulés depuis la décadence de l'empire romain jusqu'à la mort de Charlemagne, par Frantin. Paris, 1825. 8 vol. in-8, br.

239. Annales de la monarchie françoise, depuis son établissement jusques présent, etc., par de Limiers. Amsterdam, 1724. 3 parties en 1 vol. in-fol., veau, avec figures.

240. Grands chroniques de France dites Croniques de Saint-Denis, publiées d'après les manuscrits. Paris, 1837. In-8, broché.

241. Chroniques françaises de Jacq. Gondar Clerc, publiées par F. Michel. In-12, non rogné, fig. (Imprimé en gothique.)

242. Chronique de Richer, moine de Senones, traduction française du XVIe siècle, avec des éclaircissements, par J. Cayon. Nancy, 1842. In-4, cart., non rogné.

Tiré sur carré vergé à 70 ex.

243. Explication du Cartulaire de Villis, par Guérard. Paris, 1853. In-8, br.

244. Histoire de Blanche de Castille, reine des Français, deux fois Régente, par Mlle Vauvilliers. Paris, 1841. 2 vol. in-8, br.

245. Histoire de saint Louis, divisée en quinze livres (par Filleau de la Chaise). Paris, 1688. 2 vol. in-4, veau brun.

246. Les Etablissements de saint Louis, roi de France, suivant le texte original et rendus dans le langage actuel, avec des notes, par l'abbé de Saint-Martin. Paris, 1786. In-12, veau.

247. Louis le Pieux et son siècle, par Frantin. Paris, 1839. 2 vol. in-8, broch.

248. Lettre à Monsieur Auguste le Prévost sur le cœur de saint Louis, par Deville. Rouen, 1845. In-8. (Brochure.)

249. Preuves de la découverte du cœur de saint Louis, rassemblées par Berger de Xivrey, A. Deville, etc., etc. Paris, 1846. In-8, br.

250. Recherches historiques sur la révolution communale au moyen âge, et sur le système électoral appliqué aux communes, par Victor Fouque. Châlons-S.-Saône. In-8, br.

251. Catalogue des actes de Philippe-Auguste, avec une introduction par Léopold Delisle. Paris, 1856. In-8, br.

252. Mémoires sur la Bataille de Bouvines, en 1214, par Lebon. Paris, 1835. In-8, fig., br.

253. Histoires de Philippe de Valois et du roi Jean. Paris, 1688. Gr. in-8, relié veau plein.

254. Mémoires pour servir à l'histoire de France et de Bourgogne,

contenant un journal de Paris sous les règnes de Charles VI et de Charles VII. Paris, 1729. In-4, veau brun.

255. Histoire de Jeanne d'Arc, dite la Pucelle d'Orléans, par M. l'abbé Lenglet du Fresnoy. Amsterdam, 1775. 3 parties en un vol. in-12, veau marbré.

256. Louis XII et François Ier, ou Mémoires pour servir à une nouvelle histoire de leur règne, par Rœderer. Paris, 1825. 2 vol. in-8, br.

257. Conséquences du système de cour établi sous François Ier, par Rœderer. Paris, 1833. In-8, br.

258. Histoire de l'Estat de France, tant de la république que de la religion, sous le règne de François II, par Regnier, sieur de la Planche. Paris, 1836. 2 vol. in-8, cart.

259. Le Budget de Henri III, ou les premiers Estats de Blois, comédie historique. Paris, 1830. In-8, br.

260. La proscription de la Saint-Barthélemy. Paris, 1830. In-8, br.

261. Maximes d'état, ou Testament politique d'Armand-Duplessis, Cardinal duc de Richelieu. Paris, 1764. 2 vol. in-8, veau.

262. Intrigues politiques et galantes de la cour de France sous Charles IX, Louis XIII, Louis XIV, le Régent et Louis XV, par Rœderer. Paris, 1832. In-8, cart. toile.

263. Histoire générale et impartiale des erreurs, des fautes et des crimes commis pendant la révolution française (par Prudhomme). Paris, an IV. 6 vol. in-8, demi-veau, fig.

264. Chronique de cinquante jours du 20 juin au 10 août 1792, par Rœderer. Paris, 1832. In-8, br.

265. Les Crimes des rois de France, depuis Clovis jusqu'à Louis XVI, par Lavicomterie. Paris, 1791. In-8, dem.-rel. veau.

266. Les Crimes des reines de France, depuis le commencement de la monarchie jusqu'à Marie-Antoinette, par Prudhomme. Paris, 1791. in-8, dem.-rel., fig.

267. L'esprit de la Révolution de 1789, par Rœderer. Paris, 1831. In-8, br.

268. Registres des dépenses secrètes de la cour, connus sous le nom de Livre rouge. Paris, 1792. 3 parties en 1 vol. in-8, dem.-rel. veau.

269. Lettres de Joseph Lebon à sa femme, pendant les quatorze mois de prison qui ont précédé sa mort, avec une préface historique par Emile Lebon, son fils. Châlon-sur-Saône, 1845. In-8, br.

270. Les Crimes des Sept membres des anciens comités de salut public et de sûreté générale, ou Dénonciation formelle à la Convention nationale, par Lecointre. In-8, demi-veau fauve.

271. Charlotte Corday et madame Roland, tableaux dramatiques, par Mme Louise Colet. Paris, 1842. In-4, pap. vél.
Tiré à 25 ex.

272. Histoire-Musée de la République française depuis l'Assemblée des

notables jusqu'à l'Empire, par Augustin Chalamel. Paris, 1842. In-8, relié dem.-bas., fig.

273. Napoléon et ses Contemporains, publié par Auguste de Chambure. Paris, 1825. In-4, relié dem.-bas., figures.

274. Mémoires d'un ministre du trésor public (par le comte Mollien). Paris, 1845. 4 vol. in-8, br.

275. Histoire de la Légion d'honneur, par Saint-Maurice. Paris, 1833. In-8, demi-veau, fig.

276. Mémoires d'un Bourgeois de Paris, par le docteur L. Véron. Paris, 1853. 6 vol. in-8, br.

277. Souvenirs numismatiques de la Révolution de 1848. Paris, 20 livraisons in-4, br.

278. Colonisation de l'Algérie, par Enfantin. Paris, 1843. In-8, demi-chag.

279. Histoire de la Marine française, par le comte de Lapeyrouse-Bonfils. Paris, 1845. 3 vol. in-8, demi-veau.

280. Société française d'archéologie pour la conservation des monuments historiques, 21e, 22e, 23e session. Paris, 1857. 3 vol. in-8, br.

281. Bulletin monumental, ou Collection de mémoires et de renseignements sur la statistique monumentale de la France, par de Caumont. Paris, 1849. 5 vol. in-8, reliés demi-veau, figures.

Histoire de Paris et des environs.

282. Description de la généralité de Paris. Paris, 1759. In-8, veau mar.

283. Le Siège de Paris par les Normands, poëme d'Abbon, traduction et notes par N. R. Taranne. Paris, 1834. In-8, br.

284. Histoire de la ville de Paris, composée par D. Felibien, revue, corrigée et augmentée par D. Lobineau. Paris, 1725. 5 vol. in-fol., veau plein.

285. Histoire civile, ecclésiastique, physique et littéraire de Paris, par Poncelin. Paris, 1781. 3 vol. in-8, veau, fig.

286. Recherches critiques, historiques et topographiques sur la ville de Paris depuis ses commencements connus jusqu'à présent, avec le plan de chaque quartier, par Jaillot. Paris, 1774. 5 vol. in-8, veau.

287. Histoire physique, civile et morale de Paris, depuis les premiers temps historiques jusqu'à nos jours, par J. A. Dulaure. Paris, 1829. 10 vol. in-8, dem.-rel. veau, figures.

288. Description de la ville de Paris et de tout ce qu'elle contient de plus remarquable, par Germain Brice. Paris, 1752. 4 vol. in-12, veau mar., fig.

289. Description historique de Paris et de ses plus beaux monuments, par M. Beguillet. Paris, 1779. 3 vol. in-4, dem.-bas, grand nombre de figures gravées par Martinet.

290. Dictionnaire historique de la ville de Paris et de ses environs, par Hurtaut. Paris, 1779. 4 vol. in-8, bas.

291. Dictionnaire topographique des rues de Paris, accompagné d'un plan de Paris, par de la Tynna, deuxième édition. Paris, 1816. In-12, br.

292. Description de Paris et de ses édifices, par J. G. Legrand et C. P. Landon. Paris, 1842. 2 vol. in-8, fig., br.

293. Notices sur l'hôtel de Cluny et sur le palais des Thermes. Paris, 1834. In-8, br.

294. Description historique de la basilique métropolitaine de Paris, ornée de gravures, par A. P. M. Gilbert. Paris, 1821. In-8, fig., br.

295. Histoire de la Sainte-Chapelle royale du Palais, enrichie de planches, par M. Sauveur-Jérôme Morand, chanoine de ladite église. Paris, 1795. In-4, fig., br.

296. Histoire de l'église de Sainte-Geneviève, patronne de Paris et de la France, par l'abbé Ouin-Lacroix. Paris, 1852. In-8, br., fig.

297. Notice sur la paroisse Saint-Etienne-du-Mont, par l'abbé Faudet. Paris, 1840. In-12, maroquin plein, doré sur tranches, figures.

298. Histoire de l'hôtel royal des Invalides, par Jean-Joseph Granet, avec les gravures de Cochin. Paris, 1736. In-fol. veau brun.

299. Histoire de l'hôtel de ville de Paris, par Le Roux de Lincy, orné de 8 planches, dessinées par V. Calliat. Paris, 1846. In-4, br.

300. Histoire générale de la Bastille, depuis sa fondation, 1369, jusqu'à sa destruction, 1789, par Fougeret. Paris, 1834. 2 vol. in-8, cart., non rogné.

301. Dictionnaire historique et descriptif des monuments de la ville de Paris, par Roquefort. Paris, 1831. In-8, br., fig.

302. Recherches historiques sur le Temple, de son état à l'époque de la Révolution, et de son état actuel, par J. J. Barillet. Paris, 1809. In-8, fig., br.

303. Souvenirs historiques des principaux monuments de Paris, par M. le vicomte Walsh. Paris. Gr. in-8, fig., br.

304. Les Monuments de Paris au XIXe siècle. Histoire architectonique de Paris ancien et moderne, par Pigeory. Paris, 1849. Gr. in-8, br., fig.

305. Dictionnaire administratif et historique des rues et monuments de Paris, par F. et L. Lazare. Deuxième édition. Paris, 1855. In-4, dem.-chag., plats toile. Avec plans.

306. Description des Catacombes de Paris, par Héricart de Thury. Paris, 1815. In-8, fig., br.

307. The Theatres of Paris. By Charles Hervey. Paris, 1846. In-4, br. Grand nombre de portraits. Envoi d'auteur à A. Dumas.

308. Tableau de Paris, par Mercier. Amsterdam, 1788. 12 vol. in-8, dem.-rel.

309. Voyages littéraires sur les quais de Paris. Lettres à un bibliophile de province, par A. de Fontaine de Resbecq. Paris, 1857. In-18, broch.

310. Histoire de l'administration de la police de Paris, depuis Philippe-Auguste jusqu'aux Etats généraux de 1789, par M. Frégier. Paris, 1850. 2 vol. in-8, br.

311. Recherches sur les eaux publiques de Paris, les distributions successives qui en ont été faites. Paris, 1812. In-4, br.

312. Histoire civile, physique et morale des environs de Paris, depuis les premiers temps historiques jusqu'à nos jours, par J. A. Dulaure. Paris, 1825. 7 vol. in-8, demi-rel., veau.

313. Histoire des environs de Paris, par l'auteur de l'Histoire de Paris (Touchard-Lafosse). Paris, 1837. 4 vol. in-8, br., fig.

314. Mes Voyages aux environs de Paris, par J. Delort. Paris, 1821, 2 vol. in-8, bas.
Avec fac-simile.

315. Description des environs de Paris, par Alexis Donnet. Paris, 1842. In-8, br.
Carte et figures.

316. Histoire du Donjon et du Château de Vincennes, depuis leur origine jusqu'à la chute de Napoléon Bonaparte. Nouvelle édition. Paris, 1814. 3 vol. in-8, bas. pleine.

317. Description de Paris, de Versailles, de Marly, etc., etc., par Piganiol de la Force. Nouvelle édition. Paris, 1742. 8 vol. in-12, veau, fig.

318. Nouvelle Description des châteaux et parcs de Versailles et de Marly, par Piganiol de la Force. Paris, 1764. 2 vol. in-12, br.

319. Chroniques de Passy et de ses environs, par P. N. Quillet. Paris, 1836. 2 vol. in-8, br., fig.

320. Nouvelle Description des environs de Paris. Nouvelle édition, par Dulaure. Paris, 1790. 2 vol. in-8, rel., carte.

HISTOIRE DES VILLES ET PROVINCES DE FRANCE.

Ile-de-France. — Picardie.

321. Biographie des hommes remarquables du département de Seine-et-Oise, par Daniel. Rambouillet, 1832. In-8, br.

322. Dépenses effectives de Louis XIV, en bâtiments, particulièrement celles de Versailles, par Eckard. Versailles, 1838. Br. in-8.

323. Recherches historiques et biographiques sur Versailles ; biographie des personnes illustres nées dans cette ville. Versailles, 1836. In 8, br.

324. Recherches historiques et biographiques sur Versailles. Seconde édition. Versailles, 1836. In-8, br., fig.

325. Lettres de deux amies, ou Correspondance de deux élèves d'Ecouen, par Mme Campan. Paris, 1825. In-12, br.

326. La Seine et ses bords, par Charles Nodier. Paris, 1836. In-8, br., cartes et gravures.

327. Fontainebleau. Etudes pittoresques et historiques sur ce château, par A. L. Castellan. Fontainebleau, 1840. 1 vol. in-8, broché, fig.

328. Antiquités gauloises et gallo-romaines de l'arrondissement de Mantes (Seine-et-Oise), par Armand Cassan. Mantes, 1835. In-8, broché, figures.

329. Histoire de Melun, depuis son origine jusqu'à nos jours, par M. H. G. Nicolet. Melun, 1843. In-8, broché, fig.

330. Essais historiques et statistiques sur le département de Seine-et-Marne. Melun, 1829. 6 vol. in-8, demi-basane.

331. Histoire du diocèse de Beauvais, depuis son établissement jusqu'au 2 septembre 1792, par l'abbé Delettre. Beauvais, 1842. 2 vol. in-8, demi-rel. veau.

332. Description de la cathédrale de Beauvais, par Emmanuel Woillez, avec planches. In-4.

333. Précis historique sur le château de Pierrefonds. Compiègne, 1827. In-8, cart. Avec une vue du château.

334. Histoire de la ville et des sires de Coucy-le-Château, par Melleville. Laon, 1848. Gr. in-8, br., fig. sur bois.

335. Nécrologie de l'abbaye de Notre-Dame-de-Port-Roïal-des-Champs, ordre de Citeaux, etc. (par D. Rivet). Amsterdam, 1723. In-4, veau. — Supplément au Nécrologe. 1735. In-4.

336. Histoire de Braine et de ses environs, par S. Prioux. Paris, 1846. Gr. in-8, br., fig.

337. Factum pour les religieuses de Sainte-Catherine-les-Provins, contre les Pères Cordeliers. A Doreynal, 1679. In-24, rel. en veau.

338. Abrégé historique de l'église de Notre-Dame de Pontoise. Paris, 1838. In-8, broché.

339. Essai sur la topographie géognostique du département de l'Oise, par Graves. Beauvais, 1847. In-8, br.

340. Histoire de la ville de Soissons, par Leroux. Soissons, 1839. 2 vol. in-8, brochés avec cartes et plans.

341. Notre-Dame de Soissons, son histoire, ses églises, ses tombeaux, ses abbesses, ses reliques, par l'abbé Poquet. Paris, 1855. In-8, br., fig.

342. Description historique de l'église cathédrale de Notre-Dame d'Amiens, par Gilbert. Amiens, 1833. In-8, fig., br.

343. Notice historique et descriptive de l'église cathédrale d'Amiens, par Dusevel. Seconde édition. Amiens, 1839. In-8, br.

344. Nouvelle description de la cathédrale d'Amiens, par Goze, et du beffroi de l'hôtel de ville, par Dusevel. Amiens, 1847. In-4, br.

345. Notice sur la bannière de Péronne, par M. H. Dusevel. Amiens, 1838. In-8, br.

346. Archives historiques et ecclésiastiques de la Picardie et de l'Artois, publiées par Roger. Amiens, 1842. Gr. in-8, br. Tome I.

347. Bibliothèque historique, monumentale, ecclésiastique et littéraire de la Picardie et de l'Artois, publiée par P. Roger. Amiens, 1844. Gr. in-8, br., fig.

Flandre. — Artois.

348. Description du département du Nord, par Grille. Paris, 1830. In-8, br.

349. Théâtre de la noblesse de Flandre et d'Artois et autres provinces de Sa Majesté catholique, par Le Roux. Lille, 1708. In-4, veau brun.

350. Histoire de la Flandre depuis le comte Gui de Dampierre jusqu'aux ducs de Bourgogne, 1280-1383, par Van Praet. Bruxelles, 1828. 2 vol. in-8, demi-rel.

351. Histoire des comtes de Flandre jusqu'à l'avénement de la maison de Bourgogne, par Edward le Glay. Paris, 1843. 2 vol. in-8, br.

352. Sigilla comitum Flandriæ et inscriptiones diplomatum a iis editorum cum expositione historica Olivari Vredi juris consulti Brug. Bruges, 1639. In-4, br., fig.

353. Mémoires sur les archives des abbayes de Liessies et de Maroilles, par M. le Glay. Lille, 1853. In-8, br.

354. Examen du droit des seigneurs hauts justiciers du Hainaut sur les mines de charbon, par N. Regnard. Valenciennes, 1844. Gr. in-8, cart.

355. Annales du comité flamand de France, 1853. Dunkerque, 1854. In-8, br.

356. Atlas topographique et historique de la ville de Lille, accompagné d'une histoire abrégée de cette ville, par Brun-Lavainne. Lille, 1830. In-fol., dem.-rel., fig. (42).

357. Les sept siéges de Lille, par Brun-Lavainne. Lille, 1838. In-8, br., avec 3 plans de la ville.

358. Franchises, lois et coutumes de la ville de Lille, ancien manuscrit à l'usage du siége échevinal de cette ville, par Roisin, publié par Brun-Lavainne. Lille, 1842. In-4, br.

359. Inventaire général de chartes, titres et papiers, appartenant aux hospices et au bureau de bienfaisance de la ville de Douai. Gr. in-8, dem.-rel. maroq.

360. Chronique d'Arras et de Cambrai, par Balderic, revue, sur divers manuscrits, par Le Glay. Paris, 1834. In-8, br.

361. Catalogue descriptif et raisonné des manuscrits de la bibliothèque de Cambrai, par A. Le Glay. Cambrai, 1831. In-8, broché, avec une planche.

362. Relation historique, pittoresque et statistique du voyage de S. M. Charles X dans le département du Nord, par du Rozoir. Paris, 1827. In-fol., dem.-rel. (8 pl.)

363. Description des fêtes populaires données à Valenciennes les 11, 12 et 13 mai 1851, par la société des Incas, par A. Dinaux, Lille, 1856. In-4, br.

Grand nombre de planches.

364. Histoire justificative de la restauration du beffroi de Valenciennes, par C. Petiaux. Valenciennes, 1843. In-4, dem.-rel, veau.

365. Relation du siége et du bombardement de Valenciennes, en 1793, par A. Texier de la Pommeraye. Douai, 1839. In-8, br.

366. Histoire de Notre-Dame de Boulogne, par Antoine Leroy. Boulogne-sur-Mer, 1839. In-8, dem.-rel., veau, fig.

367. Histoire de Notre-Dame de Boulogne, par Antoine Leroi, suivie de la continuation de cette histoire jusqu'en 1839. Boulogne-sur-Mer, 1839. In-8, fig., veau plein, dor. sur tr.

368. Précis de l'histoire physique, civile et politique de la ville de Boulogne-sur-Mer et de ses environs, depuis les Morins jusqu'en 1814. Boulogne, 1828. 2 vol. in-8, br., fig.

369. Histoire de Dunkerque, par Victor Derode. Lille, 1852. Gr. in-8, br., avec fig.

Champagne. — Lorraine. — Alsace.

370. La Chronique de Reims, publiée sur le manuscrit unique de la Bibliothèque du roi, par L. Paris. Paris, 1838. In-8, br.

371. Histoire civile et politique de la ville de Reims, par Anquetil. Reims, 1756. 3 vol. in-12, veau marbré.

372. Histoire de l'Eglise de Reims, par Flodoard, introduction, suppléments et notes, par M. Guizot. Paris, 1824. 1 vol. in-8, br.

373. Description historique de l'église métropolitaine de Notre-Dame de Reims, par Gilbert. Reims, 1825. Br. in-8.

374. Description historique de l'église métropolitaine de Notre Dame de Reims, par Povillion-Piérard. Reims, 1823. In-8, br.

375. Trésors des églises de Reims, par P. Tarbé. Reims, 1843. In-4, dem.-rel., maroq. rouge, non rogné.

376. Statistique minéralogique et géologique du département des Ardennes, avec cinq planches, par C. Sauvage et A. Buvignier. Mézières, 1842. In-8, br.

377. Histoire de l'ancienne principauté de Sedan, jusqu'à la fin du XVIIIe siècle, par Peyran. Paris, 1826. 2 vol. in-8, demi-veau.

378. Lettre à monsieur Hase, sur une inscription latine du second siècle, trouvée à Bourbonne-les-Bains, par Jules Berger de Xivrey. Paris, 1833. In-8, br., 6 fig.

379. Recherches historiques sur la ville de Sens et ses environs, par Tarbé. Sens, 1838. In-12, br.

380. Vues de Provins, dessinées et lithographiées en 1822 par plusieurs artistes, avec un texte, par M. D. Paris, 1822. In-4, fig., br.

381. Histoire du château et du bourg de Blandy-en-Brie, par A.-H. Taillandier. Paris, 1854. Gr. in-8, br., fig.

382. Recherches historiques sur le département de l'Yonne, ses antiquités et ses anciens monuments, par Théodore Tarbé. Sens, 1848. In-12, br.

383. Bibliothèque lorraine, ou Histoire des hommes illustres qui ont fleuri en Lorraine, par Dom Calmet. Nancy, 1751. In-fol., bas.

384. Mémoires pour servir à l'histoire des hommes illustres de Lorraine, avec une réfutation de la bibliothèque lorraine de Dom Calmet, par M. de Chevrier. Bruxelles, 1754. 2 vol. in-12, veau.

385. Histoire des duchés de Lorraine et de Bar, et des Trois-Evêchés, par C.-A. Begin. Nancy, 1833. 2 vol. in-8, dem.-rel. veau.

386. La Lorraine chrétienne et ses monuments à Rome, par Mme Pierre Lacroix. Nancy, 1854. In-8, br.

387. Recueil de documents sur l'histoire de Lorraine. Nancy, 1855. In-8, br., tiré à 125 ex.

388. Translation des restes de Charles-le-Téméraire de Nancy à Luxembourg, manuscrit d'Antoine de Beaulaincourt, roi d'armes de la Toison d'Or, publié pour la première fois par Ch. de Linas. Nancy, 1855. In-8, br.

389. Nancy, Histoire et Tableau, par P.-G. Dumast, 2e édition, revue, augmentée et ornée de plusieurs vues et dessins. Paris, 1847. In-8, br.

390. La Nancéide, ou la Guerre de Nancy, poëme latin de Pierre de Blarru, avec la traduction française, par Ferdinand Schütz. Nancy, 1840. 2 vol. gr. in-8, br.

391. Etudes numismatiques sur une partie du nord-est de la France, par C. Robert. Metz, 1852. In-4, br.

392. Relation du siége de Metz, en 1444, par Charles VII et René d'Anjou, par de Saulcy et Huguenin aîné. Metz, 1835. In-8, br.

393. Histoire et description pittoresque de la cathédrale de Metz, des

églises adjacentes et collégiales, par Emile Begin. Metz. 2 vol. gr. in-8, dem.-rel. chag., fig.

394. Voyage de l'Empereur à Metz et dans le département de la Moselle, les 29 et 30 septembre 1857. Metz, 1857. In-4, br.

395. Recherches archéologiques et historiques sur le comté de Dachsbourg, aujourd'hui Dabo. Paris, 1836. In-8, br., planches.

396. Essai sur l'ancienne monnaie de Strasbourg et sur ses rapports avec l'histoire de la ville et de l'évêché, par Louis Levrault. Strasbourg, 1842. In-8, br.

Bourgogne. — Franche-Comté.

397. Histoire des Sequanois et de la province sequanoise, des Bourguignons et du premier royaume de Bourgogne, de l'église de Besançon, jusque dans le VIe siècle, et des abbayes nobles du comté de Bourgogne. Dijon, 1735-1750. 3 tomes en 2 vol. in-4, veau.

398. Abrégé chronologique de l'histoire ecclésiastique, civile et littéraire de Bourgogne, depuis l'établissement des Bourguignons dans les Gaules, jusqu'à l'année 1772, par M. Mille. Dijon, 1771. 3 vol. in-8, veau marbré.

399. La France nationale, par Ducourneau et Monteil. Province de Bourgogne. Paris, 1844. In-fol., br., fig.

400. Histoire de l'idiome bourguignon et de sa littérature propre, par Mignard. Dijon, 1856. In-8, br.

401. Les Deux Bourgognes, études provinciales. Dijon, 1838. 6 vol. gr. in-8, en 24 liv.

402. Voyage en Bourgogne, suivi de mélanges littéraires par Bouché de Cluny. Paris, 1845. In-8, br.

403. Flore de la Côte-d'Or, ou description des plantes indigènes et des espèces le plus généralement cultivées et acclimatées observées jusqu'à ce jour dans ce département, par M. Lorey et Duret. Dijon, 1831. 2 vol. in-8, dem.-bas., avec figures.

404. Mémoires de la commission des antiquités du département de la Côte-d'Or, années 1838, 1839, 1840, 1841. Dijon, 1841. In-4, br. (Tome premier.)

405. Chartes bourguignonnes inédites des IXe, X^e et XIe siècles, par Joseph Garnier. Paris, Imp. royale, 1845. In-4, br., carte.

406. Les Coutumes du duché de Bourgogne, avec les anciennes coutumes tant générales que locales de la même province et les observations de M. Bouhier. Dijon, 1746. 2 vol. in fol., veau.

407. Dijon, ancien et moderne, par Ch. Maillard de Chambure. Dijon, 1840. In-8, br., dem.-rel., chagrin illustré par E. Sagot.

408. Description historique et critique et vues pittoresques des monu-

ments les plus remarquables de la ville de Dijon, par Jolimont. Paris, 1830. Gr. in-4, br., figures.

409. Monument de saint Bernard érigé à Dijon en 1847. In-8, fig. br.

410. Histoire de l'antique cité d'Autun, par E. Thomas, mort vers 1600, illustrée et annotée. Autun, 1846. In-4, br., fig.

411. Histoire de la ville d'Autun, connue autrefois sous le nom de Bibracte, capitale de la République des Eduens, par J. Rosny. Autun, 1802. In-4, br., carte.

412. L'Abbaye de Pontigny, par le baron Chaillou des Barres. Paris, 1844. In-8, fig., br.

413. Voyage à Montbar, contenant des détails très-intéressants sur le caractère, la personne et les écrits de Buffon, par Hérault de Sechelles. Paris, an XI. In-8, dem.-rel.

414. Alise, études sur une campagne de Jules César, par Rossignol. Dijon, 1856. In-4, br., carte.

415. Essai sur le système défensif des Romains dans le pays Eduen, par J. G. Bulliot. Autun, 1856. In-8, br.

416. Annales de la ville d'Arnay-le-Duc en Bourgogne, par J. P. C. La Virotte, 1837. In-8, fig., br.

417. Essai historique sur l'abbaye de Cluny, suivi de pièces justificatives et de divers fragments de la correspondance de Pierre le Vénérable avec saint Bernard, par P. Lorain. Dijon, 1839. Gr. in-8, demi-veau. Figures.

418. La Saône et ses bords, album dessiné par MM. Fousseréau et Marville, gravé par M. Porel, publié par M. Alex. Mure de Pelanne. In-8, br.

419. Histoire de la Franche-Comté, ancienne et moderne, précédée d'une description de cette province, par Eugène Rougebief. Paris, 1851. Gr. in-8, cart., avec ornements, doré sur tranche, figures.

420. Histoire de la ville de Gray et de ses monuments, par l'abbé Gatin et l'abbé Besson. Besançon, 1851. In-8, fig., br.

421. La Franche-Comté de Bourgogne sous les princes espagnols de la maison d'Autriche, par Adolphe de Troyes. Paris, 1847. 4 vol. gr. in-8, br.

422. Essai sur les anciennes institutions autonomes ou populaires des Alpes Cottiennes-Briançonnaises, par A. Fauché-Prunelle. Grenoble, 1857. 2 vol. in-8, br.

Lyonnais. — Dauphiné. — Bresse. — Guyenne.

423. Histoire de la ville de Lyon, par Monfalcon. Lyon, 1847. 2 vol. gr. in-8, br., avec fig.

424. De l'état politique de la ville de Lyon, depuis le 10e siècle jusqu'à l'année 1789, par Théodore Granperret. Lyon, 1843, In-8, br.

425. Séjours de Charles VIII et Louys XII à Lyon, sur le Rosne, publiés par M. M. Gonon. Lyon, 1841. In-8, br.

426. Vies des Saints du diocèse de Lyon, par Colombet. Lyon, 1835. In-8, br.

427. Etudes sur les historiens du Lyonnais, par Collombet. Lyon, 1839. In-8, br.

428. Lyon vu de Fourvières, Esquisses physiques, morales et historiques. Lyon, 1833. In-8, br.

429. Histoire du Dauphiné depuis les temps les plus reculés jusqu'à nos jours, par Jules Taulier. Grenoble, 1855. In-8, br.

430. Histoire générale du Dauphiné, par Nicolas Chorier. Grenoble, 1661. In-fol., veau brun.

431. Le Dauphiné, histoire, descriptions pittoresques, antiquités, etc., etc., par Mr Camille Lebrun. Paris, 1848. In-8, br.

432. Numismatique féodale du Dauphiné, par H. Morin. Paris, 1854, In-4, br., fig.

433. Bibliothèque du Dauphiné, par Guy Allard. Grenoble, 1797. In-8, br.

434. Histoire des guerres civiles, politiques et religieuses dans les montagnes du Velay, pendant le seizième siècle, par Francisque Mandet. Paris, 1840. In-8, br.

435. La réforme et les guerres de religion en Dauphiné de 1560 à l'édit de Nantes (1598), par J. D. Long. Paris, 1856. In-8, br., fig.

436. Histoire chimique, médicale et topographique de l'eau minérale sulfureuse d'Allevard (Isère), par Dupasquier. Paris, 1841. In-8, fig., br.

437. Recherches sur les origines celtiques, principalement sur celles du Bugey, par Bacon-Tacon. Paris, an VI. 2 vol. in-8, demi-veau brun, fig.

438. Histoire de la réunion à la France des provinces de Bresse, Bugey et Gex. Bourg-en-Bresse, 1852. In-8, br.

439. Les d'Urfé, Souvenirs historiques et littéraires du Forez, par Aug. Bernard. Paris, 1839. In-8, br.

440. Antiquités générales de l'Ain, etc., par M. Sirand. Bourg-en-Bresse, 1855. Gr. in-8, br.

441. Histoire du Velay jusqu'à la fin du règne de Louis XV, par J. A. M. Arnauld, D. M. M. Au Puy, 1816. 2 vol. in-8, br.

442. La Guienne historique et monumentale, par A. Ducourneau. Bordeaux, 1842. 2 vol. in-4, rel. chagrin.

443. Histoire de la ville de Bordeaux, première partie, contenant les événements civils et la vie de plusieurs hommes célèbres, par Dom Devienne, religieux bénédictin. Bordeaux, 1771. In-4, br.

Seul volume paru.

444. Histoire de Bordeaux, depuis l'année 1675 jusqu'à 1836, par Bernadou. Bordeaux, 1837. 5 livraisons in-8, br.

445. Histoire de Libourne et des autres villes et bourgs de son arrondissement, par Guinodie. Bordeaux, 1845. 3 vol. in-8, dem.-rel.

446. Mémoire historique sur les deux délivrances de Condom, 1369-1374, par Gillot de Kerhardene. Auch, 1847. In-8, br.

447. Charte de commune en langue romane, pour la ville de Grealou en Querey, par Champollion-Figeac. Paris, 1829. 1 vol. in-8, br.

448. Histoire de l'abbaye et congrégation de Notre-Dame de la Grande-Sauve, ordre de saint Benoît, en Guienne, par l'abbé Cirot de la Ville. Bordeaux, 1845. 2 vol. in-8, br.

449. Histoire politique, civile et religieuse de la Saintonge et de l'Aunis, depuis les premiers temps historiques jusqu'à nos jours, par Massiou. Paris, 1838. 2 vol. in-8, br.

450. Histoire de la ville de la Rochelle, par Arcère. La Rochelle, 1756. 2 vol. in-4, veau.

451. Histoire de l'église Santone et Aunisienne, depuis son origine jusqu'à nos jours, par l'abbé Briand. La Rochelle, 1843. 3 vol. in-8, br., fig. et cartes.

Provence. — Languedoc.

452. Histoire générale de Provence, par l'abbé Papon, de l'Académie de Marseille. Paris, 1786. 4 vol. in-4, demi-veau.

453. Essai sur l'histoire de Provence, suivi d'une Notice sur les Provençaux célèbres (par Bouche). Marseille, 1785. 2 tomes en 1 vol. in-4, bas.

454. Job, ou les Pastoureaux, 1251. — Audefroi le Bâtard, 1272, par Francisque Michel. Paris, 1832. In-8, br.

455. Chroniques et Traditions provençales, publiées par A. Denis. Toulon, 1831. In-8, demi-maroquin.

456. Essai sur l'histoire des comtes souverains de Provence, par Boisson de la Salle. Aix, 1828. In-8, br.

457. Les Veillées provençales, mélanges de poésies patoises et françaises, par Pierre Bellot. Marseille, 1852. In-4, broché.

458. Jurisprudence observée en Provence sur les matières féodales et les droits seigneuriaux (par de la Touloubre). Avignon, 1756. 2 parties en 1 vol. in-8, bas.

459. Histoire de Marseille, par Amédée Boudin. Paris, 1852. Grand in-8, broché, fig.

460. Essai sur le commerce de Marseille, par J. Julliany. Marseille, 1842. 3 vol. in-8, br.

461. Histoire de Marseille, par Augustin Fabre. Marseille, 1829. 2 vol. in-8, cart.

462. Temple de Baal à Marseille ou grande inscription phénicienne découverte dans cette ville dans le courant de l'année 1845, par l'abbé Bargès. Paris, 1847. Gr. in-8, br., pl.

463. Études sur la navigation, le commerce et l'industrie de Marseille pendant la quinquennale de 1850 à 1854, par Casimir Bousquet. Marseille, 1858. Grand in-8, br.

464. Statistique du département des Bouches-du-Rhône, par M. le comte de Villeneuve. Marseille, 1824. 4 vol. in-4, cartes, maroquin.

465. Lettres avignonnaises. Première édition tirée à cent exemplaires. L'autorisation de réimprimer est accordée à qui la voudra. Londres, 1848. Br. in-8.

466. Histoire d'Aiguemortes, par Em. di Pietro. Paris, 1849. In-8, br., fig.

467. Essai historique sur le Cominalat dans la ville de Digne. Institution municipale provençale des XIIIe et XIVe siècles, par Firmin Guichard. Digne, 1846. 2 vol. in-8, br.

468. Histoire générale de Languedoc, par dom Cl. Maurice et dom Vaissette. Toulouse, 1841. 9 vol. gr. in-8, br.

469. Histoire des antiquités de la ville de Nîmes et de ses environs, par Menard. Nîmes, 1808. Br. in-8.

470. Lettres sur Nîmes et le Midi, par Perrot. Nîmes, 1840. 2 vol. in-8, demi-rel. veau, fig.

471. Histoire de l'ancienne cathédrale et des évêques d'Alby, par E. Dauriac. Paris, 1858. In-8, broché.

472. Archives historiques de l'Albigeois et du pays Castrais, publiées par P. Roger. Albi. Gr. in-8, fig., br.

473. Les Monuments de Carcassonne, par Cros-Mayrevieille. Paris, 1850. In-8, fig., br.

474. Catalogue des manuscrits de la Bibliothèque de la ville et de celle de l'École de médecine de Montpellier. Paris, 1850. In-4, br.

475. Aquitaine et Languedoc, romans historiques méridionaux, par Cenac-Moncaut. Paris, 1841. 2 vol. gr. in-8, br., fig.

476. Esquisse historique sur la ville de Craponne, par l'abbé Maitrias. Craponne, 1854. In-8, br.

477. Histoire de Montauban, par M. Le Bret, prévôt de l'église cathédrale de cette ville en 1668. Montauban, 1841. 2 vol. in-8, br.

478. Histoire pittoresque de la ville de Barbentane et de ses environs, depuis son origine jusqu'à nos jours, par Fontaine Sébastien. Tarascon, 1854. In-8, br., fig.

479. **Album du Vivarais, ou Itinéraire historique et descriptif de cette ancienne province, par Albert du Boys ; orné d'un grand nombre de planches par V. Bassan, Grenoble, 1842. In-4, cart. toile.**

Normandie.

480. Histoire de Normandie, par Orderic Vital, publiée pour la première fois en français par M. Guizot. Caen, 1826. 4 vol. in-8, demi-rel.

481. Histoire des peuples du Nord ou des Danois et des Normands, par M. Wheaton, traduit de l'anglais par P. Guillot. Paris, 1844. In-8, br.

482. Histoire du duché de Normandie, par Goube, avec cartes et gravures. Rouen, 1815. 3 vol. in-8, demi-rel.

483. Chroniques neustriennes, ou Précis de l'Histoire de Normandie, par Marie du Mesnil. Paris, 1825. In-8, br.

484. Histoire des ducs de Normandie jusqu'à la conquête de l'Angleterre, par A. Labutte, préface par Henri Martin. Paris 1853. In-8, broché.

485. Histoire du parlement de Normandie, par Floquet, Rouen, 1841. 7 vol. in-8, demi-rel.

486. Raoul de Rayneval, ou la Normandie au XIVe siècle, par Lechanteur de Pontaumont. Paris, 1832. In-8. Notice sur la ville et les environs d'Évreux, par Guilmette. Rouen, 1849. In-8.

487. La Normandie souterraine, ou Notices sur des cimetières romains ou des cimetières francs, par M. l'abbé Cochet. Rouen, 1854. Gr. in-8, br., fig.

488. La Normandie inconnue, par Victor Hugo. Paris, 1857. In-8, br.

489. Description historique de l'église Saint-Ouen de Rouen, par Gilbert. Rouen, 1822. In-4, cart., vues et plans.

490. Histoire de la ville de Rouen, divisée en six parties, par un solitaire. Rouen, 1738. 6 vol. in-12, bas. pleine.

491. Abrégé de l'Histoire ecclésiastique civile et politique de la ville de Rouen, avec son origine et ses accroissements jusqu'à nos jours. Rouen, 1759. In-12, veau plein.

492. Rouen. Précis de son histoire, son commerce, son industrie, etc., par T. Licquet. Rouen, 1831. In-12, br.

493. Description historique des maisons de Rouen, par De la Querrière. Rouen, 1841. 2 vol. in-8, br.

494. Une Fête brésilienne célébrée à Rouen en 1550, suivie d'un fragment du XVIe siècle sur la théogonie des anciens peuples du Brésil, par Ferdinand Denis. Paris, 1851. In-8, br., fig.

495. Tombeaux de la cathédrale de Rouen, par A. Deville. Rouen,

1833. Gr. in-8, demi-reliure fauve avec coins, non rogné. (Grand papier vélin.)

496. Chronique des abbés de Saint-Ouen de Rouen, publiée pour la première fois, par Francisque Michel. Rouen, 1840. In-8, dem.-rel., titre en rouge.

497. Histoire du privilége de saint Romain, en vertu duquel le chapitre de la cathédrale de Rouen délivrait anciennement un meurtrier tous les ans le jour de l'Ascension. Rouen, 1833. 2 vol. in-8, br.

498. Mémoire sur le commerce maritime de Rouen, par E. de Fréville. Rouen, 1857. 2 vol. in-8 br.

499. Précis historique sur la statue de P. Corneille, érigée à Rouen en 1834, par Deville. Rouen, 1838. In-8, fig., br.

500. Revue des architectes de la cathédrale de Rouen jusqu'à la fin du XVIe siècle. Rouen, 1848. In-8, br.

501. Histoire des milices bourgeoises et de la garde nationale de Rouen, par Bouteiller. Rouen, 1849. In-8, br.

502. Histoire politique et religieuse de l'église métropolitaine et du diocèse de Rouen, par L. Fallue. Rouen, 1851. 4 vol. in-8, demi-veau.

503. Notice sur l'abbaye de Saint-Amand à Rouen, par E. H. Langlois. Rouen, 1834. In-8, br., planches.

504. Etablissements et coutumes, assises et arrêts de l'échiquier de Normandie, publiés par A. J. Marnier. Paris, 1839. In-8, br.

505. Histoire des anciennes corporations d'arts et métiers et des confréries religieuses de la capitale de la Normandie, par Ouin-Lacroix. Rouen, 1850. In-4, br. Armoiries et jetons.

506. Notice historique sur la ville et les environs d'Evreux, par A. Guilmeth. Rouen, 1849. In-8, br., fig.

507. Histoire de Flers, ses seigneurs, son industrie, par le comte Hector de la Ferrière. Caen, 1855. In-8, br.

508. Histoire du château d'Arques, par A. Deville. Rouen, 1839. Gr. in-8, papier vélin fort, demi-rel. chag. vert, non rogné, avec fig.

509. Essai historique et littéraire sur l'abbaye de Fécamp, par Leroux de Lincy. Rouen, 1840. In-8, broché, figures.

510. Le département de l'Orne archéologique et pittoresque, par de la Sicotière. L'Aigle, 1845. In-folio, rel. chagrin, figures.

511. Histoire des comtes d'Eu, par L. Estancelin, avec vues lithographiques. Dieppe, 1828. In-8, demi-rel.

512. Essai sur les Énervés de Jumiéges et sur quelques décorations singulières des églises de cette abbaye; suivi du miracle de Sainte-Bautheuch, par Hyacinthe Langlois. Rouen, 1838. In-8, demi-veau, fig.

513. Exploration en Normandie, par le vicomte Walsh. Rouen, 1835. In-8, broché.

514. Notice sur la Vie et les travaux de E. H. Langlois de Pont-de-l'Arche, par Ch. Richard. Rouen, 1838. In-8, broché, avec portrait.

515. Annales des Cauchois, depuis les temps celtiques jusqu'en 1830, par Juste Houel. Paris, 1847. 3 vol. in-8, br.

516. Caen. Précis de son histoire, ses monuments, son commerce et ses environs, par G. S. Trebutien. Seconde édition. Caen. In-12, br., fig.

517. Annales militaires, politiques et religieuses de la ville de Caen, par l'abbé De la Rue. Caen, 1842. In-8, cart.

518. Essais historiques sur la ville de Caen et son arrondissement, par l'abbé De la Rue. Caen, 1820. 2 vol. in-8, brochés, fig.

519. Nouveaux Essais historiques sur la ville de Caen et son arrondissement, par l'abbé De la Rue. Caen, 1842. 2 vol. in-8, brochés, fig.

520. Histoire pittoresque du Mont-Saint-Michel, par Maximilien Raoul, Paris, 1834. In-8, br., figures.

521. Histoire du Mont-Saint-Michel et de l'ancien diocèse d'Avranches, par l'abbé Desroches. Caen, 1838. 2 vol. in-8, br., et atlas in-4.

522. Mémorandum. Caen, 1856. In-18, broché.

523. Statistiques routières de la Basse-Normandie, par M. de Caumont. Paris, 1855. In-8, fig., br.

524. Etudes historiques sur l'arrondissement d'Yvetot, précédées d'une Esquisse de l'histoire de la conquête et de l'établissement des Normands en Neustrie, par Labutte. Rouen, 1851. In-8, br., fig.

525. Notes sur l'Histoire du département de la Manche, par Houel (Histoire de Saint-Lo). Caen, 1825. 2 vol. in-8, br., fig.

526. Recherches sur la tapisserie de Bayeux, par l'abbé De la Rue. Caen, 1824. 1 vol. gr. in-8, cartonné.

527. Histoire, antiquités et descriptions de la ville et du port du Havre-de-Grâce, par l'abbé Pleuvri. Paris, 1765. In-12, demi-rel., veau.

528. Mémoires sur le port, la navigation et le commerce du Havre-de-Grâce, et sur quelques singularités de l'Histoire naturelle des environs. Au Havre, 1753. In-12, bas.

Comté de Foix-Béarn.

529. Histoire du comté de Foix, depuis les temps anciens jusqu'à nos jours, par Castillon d'Aspet. Toulouse, 1852. 2 vol. gr. in-8, br.

530. Voyage archéologique et historique dans l'ancien Comminges et dans celui des Quatre-Vallées, par Cenac-Moncaut. Tarbes, 1856. In-8, br., fig.

531. Voyage archéologique et historique dans l'ancien comté de Bigorre, par Cenac-Moncaut. Tarbes, 1856. In-8, fig., br.

532. Essais historiques sur le Béarn, par Fagel de Baure. Paris, 1818. In-8, demi-rel. veau.

533. Le château de Pau. Souvenirs historiques, son histoire et sa description, par G. Busch de Lagrèse. Paris, 1854. In-8, broché.

534. Esquisses sur Navarre, par M. D'Avonnes. 1839. 2 vol. gr. in-8, br., fig. sur papier de Chine.

535. Voyage archéologique et historique dans l'ancien vicomté de Béarn, par Cenac-Moncaut. Tarbes, 1856. In-8, fig., br.

536. Voyage archéologique et historique dans l'ancien royaume de Navarre, par Cénac-Moncaut. Tarbes, 1857. In-8, br.

537. Voyage archéologique et historique dans le pays Basque, le Labour et le Guypuscoa, par Cénac-Moncaut. Tarbes, 1857. In-8, br.

538. Essai historique sur les provinces basques. Bordeaux, 1836. 1 vol. in-8, br.

539. Tableau des Pyrénées françaises, par Arbanère. Paris, 1828. 2 vol. in-8, br.

540. L'Israël des Alpes. Première histoire complète des Vaudois du Piémont et de leurs colonies. Paris, 1851. 4 vol. in-12, br.

541. Monuments religieux des Volces-Tectosages, des Garumni et des Convenæ, ou Fragments de l'archéologie pyrénéenne, et Recherches sur les antiquités du département de la Haute-Garonne, par André du Mége. Toulouse, 1814. In-8, br., fig.

542. Itinéraire descriptif et pittoresque des Hautes-Pyrénées françaises, par La Boulinières. Paris, 1825. 3 vol. in-8, demi-veau, fig.

543. Histoire des populations pyrénéennes du Nebouzan et du pays de Comminges, par Castillon (d'Aspet). Toulouse, 1842. 2 vol. in-8, brochés.

544. Histoire des Pyrénées et des rapports internationaux de la France avec l'Espagne, par Cénac-Moncaut. Paris, 1853. 5 vol. in-8, broch.

545. Lettres sur les Pyrénées, ou Voyages de Paris au Canigou, par Ach. Jubinal. Paris, 1848. In-8, br.

546. Description des Pyrénées, par Dralet. Paris, 1713. 2 vol. in-8, veau plein.

547. Promenades de Bagnères-de-Luchon à Paris par la partie occidentale de la chaîne des Pyrénées, par le comte P. de V. Paris, 1821. 3 vol. in-8, br.

Orléans. — Maine. - Anjou. — Bretagne.

548. Description historique de l'église cathédrale de Notre-Dame de Chartres. Nouvelle édition, par A. P. M. Gilbert. Chartres, 1824. In-8, fig., br.

549. Les Statues du porche septentrional de Chartres, par Mme Félicie d'Ayzac. Paris, 1849. In-8, fig., br.

550. Histoire des comtes du Perche de la famille des Rotrou, par O. des Murs. Nogent-le-Rotrou, 1856. In-8, br.

551. Histoire de l'église du Mans, par dom Paul Piolin. Paris, 1851-56, 3 vol. in-8, br.

552. L'Orléanais, histoire des ducs et du duché d'Orléans, par Philipon de la Madelaine. Paris, 1845. Gr. in-8, demi-chag., figures.

553. Questions et réponses; les Coutumes du Berry avec les arrêts et jugements, divisées en deux centuries, par Gaspard Thaumas de La Thaumassière. Bourges, 1672. In-4, veau brun.

554. Histoire de la ville de Saint-Aignan (Loir-et-Cher), par J.-J. Delorme. Saint-Aignan, 1846. 2 vol. in-8, br.

555. La Touraine ancienne et moderne, par Stanislas Bellanger (de Tours), avec une préface par M. l'abbé Orsini. Paris, 1829. Gr. in-8, cart. en toile, doré sur tranche, avec illustrations.

556. Chronique d'Anjou et du Maine, par Jean de Bourdigné, avec un avant-propos, par le comte de Quatrebarbes. Angers, 1842. 2 vol. gr. in-8, br., fig.

557. L'Anjou et ses monuments, par Godard-Faultrier et P. Hawke, dessinateur. Angers, 1839. 2 vol. gr. in-8, demi-rel. veau, fig.

558. Angers pittoresque, par Tardif Desvaux. Angers, 1843. In-4, br., fig.

559. Angers et l'Anjou sous le régime municipal depuis leur réunion à la couronne jusqu'à la Révolution, par Blordier-Langlois. Angers, 1843. Gr. in-8, demi-rel. veau.

560. La Fronde en Anjou, par Eugène Berger. Angers, 1853. In-8, broché.

561. Recherches sur Angers et le Bas-Anjou, par Bodin. Saumur, 1823. 2 vol. in-8, br., fig.

562. Recherches historiques sur la ville de Saumur, ses monuments et ceux de son arrondissement, par J. P. Bodin. Saumur, 1812. 2 vol. in-8, br., fig. col.

563. Mémoires sur les antiquités du Poitou (aujourd'hui le département de la Vienne), par Siauval. Paris, 1804. In-8, demi-rel.

564. Précis historique du Poitou, par Giraudeau. Paris. In-8, br., carte.

565. Histoire de la ville de Niort, depuis son origine jusqu'à Louis-Philippe Ier. Niort, 1832. 2 vol. in-8, br.

566. Le Nivernais, Album historique et pittoresque, publié par Morellet. Nevers, 1838. 2 vol. gr. in-4, rel. demi-bas., fig.

567. Mémoires pour servir à l'histoire politique, civile et littéraire, à la géographie et à la statistique du département de la Nièvre et des

petites contrées qui en dépendent, par Née de la Rochelle. Paris, 1827. 3 vol. in-8, br.

568. Vocabulaire du Berry et de quelques cantons voisins, par un amateur du vieux langage. Paris, 1842. In-8, br.

569. Histoire des guerres religieuses en Auvergne pendant les XVIe et XVIIe siècles, par A. Imberdis. Moulins, 1840. 2 vol. gr. in-8, demi-veau, figures.

570. Voyage fait en 1787 et 1788 dans la ci-devant province d'Auvergne, aujourd'hui département du Puy-de-Dôme et du Cantal et partie de celui de la Haute-Loire, par le citoyen Legrand, Paris, an III de la République. 3 vol in-8, demi-bas.

571. Histoire du Limousin, par A. Laymarie. Limoges, 1845. 2 vol. in-8, br.

572. Dictionnaire du patois du Bas-Limousin (Corrèze) et plus particulièrement des environs de Tulle ; ouvrage posthume de M. Nicolas Béronie, mis en ordre par Joseph-Anne Vialle. In-4, cart.

573. Extrait des Mémoires de la Société des antiquaires de l'Ouest ; Notice sur l'ancienne châtellenie des Ormer-Saint-Martin, par D'Argenson. Poitiers, 1856. In-8, br.

574. Dictionnaire historique et géographique de la province de Bretagne, dédié à la nation bretonne par M. Ogée. Nantes, 1779. 4 vol. in-4, bas.

575. Histoire des peuples bretons dans les Gaules et les îles Britanniques, par Aurélien de Courson. Paris, 1846. 2 vol. gr. in-8, d.-rel.

576. Histoire critique de l'établissement des Bretons dans les Gaules, par M. l'abbé de Vertot. Paris, 1720. 2 vol. in-12, veau brun.

577. Essai sur l'histoire, la langue et les institutions de la Bretagne armoricaine, par A. de Courson. Paris, 1840. In-8, br.

578. Barzas-Breiz. Chants populaires de la Bretagne, recueillis et publiés par Th. de la Villemarqué. Paris, 1839. 2 vol. in-8, demi-rel. toile, non rognés.

579. Histoire des ducs de Bretagne. Paris, 1739. 6 vol. in-12, veau plein.

580. Précis de l'histoire de Bretagne, par M. Ed. Richer. Nantes, 1821. In-4, cart., non rogné.

581. Récit des funérailles d'Anne de Bretagne, précédé d'une Complainte sur la mort de cette princesse et de sa généalogie, le tout composé par Bretaigne, son héraut d'armes. Paris, Aubry, 1857. In-12, cart., non rogné.

582. Histoire de la Petite-Bretagne, ou Bretagne-Armorique, par Manet. Saint-Malo, 1834. 2 vol. in-8, br., fig.

583. Coutume de Bretagne et usances particulières de quelques villes et territoires de la même province, par M*** (Verger). Nantes, 1725. In-4, veau brun.

584. Du commerce de Nantes, son passé, son état actuel, son avenir, par E. B. Le Bœuf. Nantes, 1857. In-8, br.

585. Rennes ancien, par Ogée, annoté par Marteville. — Rennes moderne, par Marteville. Rennes. 3 vol. in-12, br.

586. Notice historique et statistique sur la baronnie, la ville et l'arrondissement de Fougères, par MM. Amédée Bertin et Léon Maupillé. Rennes, 1846. In-8, br.

587. Statistique ou description générale du département de la Vendée, par J. A. Cavoleau. Fontenay-le-Comte, 1844. In-8, br.

588. Voyage dans la Vendée et dans le midi de la France, par Genoude. Paris, 1821. In-8, br.

589. Voyage dans le Finistère ou état de ce département en 1794 et 1795. Paris, an VII. 3 vol. in-8, br., fig.

590. Voyage dans le Finistère, par Cambry, revu par Émile Souvestre. Brest, 1835. In-4, demi-rel. chag., fig.

591. Histoire de la Révolution dans les départements de l'ancienne Bretagne, par Duchatelier. Paris, 1836. 6 vol. in-8, br.

592. Mémoires d'un ancien chef vendéen, ou Biographie des personnes marquantes de la chouannerie et de la Vendée. Paris, 1832. 3 vol. in-8, demi-rel. veau.

593. Histoire de la persécution révolutionnaire en Bretagne à la fin du XVIIIe siècle, par l'abbé Tresvaux. Paris, 1845. 2 vol. in-8, br.

Histoire des pays étrangers.

594. La Chronologie des anciens royaumes, corrigée, etc., etc., traduit de l'anglais d'Isaac Newton (par l'abbé Granet et Marthan). Paris, 1728. In-4, veau.

595. Description de l'univers, contenant les différents systèmes du monde, par Allain Manesson Mallet. Paris, 1683. 5 vol. in-4, veau brun, cartes et fig.

596. Histoire et description des principales villes de l'Europe. Paris, 1835. Gr. in-8, fig.

597. Voyage pittoresque dans le royaume des Pays-Bas, par de Clœt. Bruxelles, 1825. 2 vol. gr. in-8, format oblong, fig.

598. Mémoire sur les Collections de voyages des de Bris et de Thévenot, par A. G. Camus. Paris, 1802. In-4, relié demi-veau.

599. Relations des voyages faits par les Arabes dans l'Inde et à la Chine dans le IXe siècle de l'ère chrétienne, texte arabe imprimé en 1811, par les soins de Langlès, traduction par Reinaud. Paris, 1845. 2 vol. in-18, br.

600. Voyage en Suisse fait dans les années 1817, 1818 et 1819, par Simond. Paris, 1824. 2 vol. in-8, dem.-rel.

601. Voyage du maréchal duc de Raguse en Sicile, en Hongrie, Transylvanie, Russie, etc. Paris, 1827. 5 vol. in-8, dem.-rel., avec atlas in-4.

602. Voyage de Paris à Constantinople par bateau à vapeur, nouvel itinéraire avec cartes et figures, par Marchebeus. Paris, 1839. Gr. in-8, dem.-rel. chagrin.

603. Mémoires et voyages du prince Puckler-Muskau. Paris, 1833. 5 vol. in-8, dem.-rel. veau.

604. Histoire des Cantabres ou des premiers colons de toute l'Europe, avec celle des Basques, leurs descendants directs, qui existent encore, par l'abbé D'Iharce de Bidassuet. Paris, 1825. In-8, br., tome 1, seul paru.

605. Histoire générale de la Corse, depuis les premiers temps jusqu'à nos jours, par Jacobi. Paris, 1835. 2 vol. in-8, br., avec carte.

606. Relation de l'île de Corse, journal d'un voyage dans cette île, et Mémoires de Pascal Paoli, par J. Boswell, traduit de l'anglais, par J.-P.-J. Dubois. La Haye, 1769. In-8, rel. veau plein, avec carte de l'île.

607. Observations sur la Corse, par le baron de Beaumont. Paris, 1822. In-8, dem.-rel. toile.

608. Six semaines dans l'île de Sardaigne, par Edouard Delessert. Paris, 1855. In-18, fig., br.

609. Histoire de Sardaigne, ou la Sardaigne ancienne et moderne, par Mimaut. Paris, 1825. 2 vol. in-8, br.

610. Traités publics de la royale maison de Savoie avec les puissances étrangères, depuis la prise de Château-Cambresis jusqu'à nos jours, par le comte Solar de la Marguerite. Turin, 1836. 5 vol. in-4, br.

611. Hugonis Grotii annales et historiæ de rebus belgicis. Amsterdam, 1657. Pet. in-fol., vélin.

612. Carte chorographique de la Belgique, dédiée à la Convention, par Louis Capitaine. In-4, dem.-rel.

613. Vies de quelques Belges, par Félix Van Hulst. Liége, 1841. In-8, br.

614. Histoire des Belges à la fin du XVIIIe siècle, par Ad. Borgnet. Bruxelles, 1844. 2 vol. in-8, br.

615. Histoire générale de la Belgique, depuis la conquête de César, par Dewez. Bruxelles, 1805. 7 vol. in-8, dem.-bas.

616. Abrégé de l'histoire générale de la Belgique, par Dewez. 2e édition. Bruxelles, 1819. In-8, dem.-rel.

617. Histoire de l'ancien pays de Liége, par L. Polain. Liége, 1844. 2 vol., gr. in-8, br.

618. Histoire et description de la cathédrale de Cologne, par Sulpice Boisserée. Munich, 1843. In-fol., br., fig.

619. De Coblentz à Trèves, par G.-M. de Bourdelois. Metz, 1840. In-8, br., fig.

620. Recueil de pièces diplomatiques relatives aux affaires de la Hollande et de la Belgique en 1832. La Haye, 1833. 3 vol. in-8, br.

621. L'Histoire des provinces-unies des Pays-Bas, depuis le parfait établissement de cet État par la paix de Munster, par M. de Wicquefort. La Haye, 1729. 2 vol. in-fol., veau marbré.

622. Mémoires pour servir à l'histoire de Hollande et des autres provinces-unies, par messire Louis Aubery, chevalier-seigneur du Maurier. Paris, 1680. In-8, veau.

622 *bis*. Abrégé chronologique de l'histoire du Nord, par Lacombe. Paris, 1777. 2 vol. in-12, br.

623. Statistique des provinces de Savone, d'Oneille, d'Acqui et de la partie de la province de Mondovi, formant l'ancien département de Montenotte, par le comte de Chabrol de Volvic. Paris, 1824. 2 vol. in-4, rel. dem.-bas., figures.

624. Histoire de Nice, depuis sa fondation jusqu'à l'année 1792, par Louis Durante. Turin, 1823. 3 vol. in-8, rel. dem.-veau.

625. Description des Alpes grecques et cottiennes, ou Tableau historique de la Savoie, par J.-F. Albanis-Beaumont. Paris, 1802. 2 vol. gr. in-8, br., avec carte.

626. Description des Alpes pennines et rhetiennes, par Bourrit. Genève, 1781. 2 vol. in-8, bas., figures.

627. Souvenirs et récits de voyages. Les Alpes françaises et la haute Italie, par de Mercey. Paris, 1857. In-8, br.

628. Histoire de la République helvétique, depuis sa fondation jusqu'à sa dissolution, par A. de Tillier. Genève, 1846. 2 vol. in-8, br.

629. Histoire des Suisses ou Helvétiens, depuis les temps les plus reculés jusqu'à nos jours, par P.-H. Mallet. Genève, 1803. 4 vol. in-8, dem.-rel.

630. Histoire de la Suisse, par Zschokke, traduit de l'allemand, par Mangel. Paris, 1828. 2 vol. in-8, br.

631. Histoire de Genève, depuis son origine jusqu'à nos jours, par M. Bérenger. 1772. 6 vol. in-12, br.

632. Histoire de Genève, depuis son origine jusqu'à nos jours, suivie de la Vie des hommes illustres qui y ont pris naissance ou s'y sont rendus célèbres, par A. Thourel. Genève, 1833. 3 vol. in-8, dem.-rel.

633. Voyage à Genève et dans la vallée de Chamouni, en Savoie, par Leschevin. Paris, 1812. In-8, dem.-rel.

634. Essai sur la statistique du canton de Berne, par L.-E. André. Paris, 1828, br.

635. Histoire et description de la ville de Berne, par P.-A. Stapfer. Paris, 1835. In-4, br.

636. Histoire naturelle des glacières de la Suisse, traduite de M. Grouner, par M. de Keralio. Paris, 1770. In-4, fig. et cartes, veau plein.

637. Manuel de l'étranger aux eaux d'Aix, en Savoie, par le Dr Despine fils. Chambéry, 1834. In-8, br., fig.

638. Recherches sur les eaux minérales des Pyrénées, de l'Allemagne, de la Belgique, de la Suisse et de la Savoie, par Fontan. Paris, 1853. In-8, br.

639. Voyage dans le Milanais, à Plaisance, Parme, Modène, Mantoue, Crémone, etc., par Millin. Paris, 1817. 2 vol. in-8, dem.-rel.

640. Souvenirs de la Sicile, par le comte de Forbin. Paris, 1823. Gr. in-8, dem.-rel. veau.

Papier vélin.

641. Del rinnovamento civile d'Italia, per Vincenzo Gioberti. Parigi, 1851. 2 vol. in-8, br.

642. Histoire des conquêtes des Normands en Italie, en Sicile et en Grèce, par Gauthier d'Arc. Paris, 1830. In-8, br. et atlas.

643. Chroniques siennoises, traduites de l'italien, par le duc de Dino. Paris, 1846. Gr. in-8, br.

644. Vedute antiche e moderne le piu interessanti della cita di Roma. Rome, S. D. In-4, br.

Recueil de 100 belles vues de Rome.

645. Excursions en Espagne, par Ed. Magnien. Paris, 1837. In-8, br., fig.

646. Londres, ou Tableau civil, politique, philosophique, commercial et religieux de cette capitale. Nouvelle édition. Paris, an IV. 1 vol. in-12, bas. pleine.

647. Walter Scott et les Ecossais, par Leitch Ritchie. Paris, 1835. In-8, rel. demi-bas., et 1 vol. de fig.

648. Promenade de Dieppe aux montagnes d'Ecosse, par Ch. Nodier. Paris, 1821. In-12, br.

649. Description de Londres et de ses édifices, par Barjaud et Landon. Paris, 1810. In-8, br., fig.

650. Description raisonnée et Vues pittoresques du chemin de fer de Liverpool à Manchester, publiées par Moreau et mises en ordre par Auguste Notré. Paris, 1831. In-4, dem.-rel., fig.

651. An historic al and critical review of the civil wars in Ireland from the reign of queen Elizabeth to the sillement under king William by J.-C.-M.-D. Dublin, 1775. In-4, veau plein.

652. Découvertes dans la Troade, par Mauduit. Paris, 1840. 3 part. en 1 vol. in-4, dem.-rel.

653. Recherches sur la topographie des Dèmes de l'Attique, par Henriot. Napoléon-Vendée, 1853. In-8, br., carte.

654. Description de l'île de Patmos et de l'île de Samos, par Guérin. Paris, 1856. In-8, br.

655. Le Guide de la Macédoine, par Guys. Paris, 1857. In-8, br.

656. Athènes aux xve, xvie et xviie siècles, d'après des documents inédits, par le comte de Laborde. Paris, 1854. 2 vol. in-8, br.

657. Histoire et phénomènes du volcan et des îles volcaniques de Santorin, suivi d'un coup d'œil sur l'état moral et religieux de la Grèce moderne, par l'abbé Pégufs. Paris, 1842. In-8, br.

658. Essai sur l'histoire des Arabes et des Maures d'Espagne, par L. Viardot. Paris, 1833. 2 tomes en 1 vol. in-8, dem.-rel.

659. Histoire de l'Afrique et de l'Espagne sous la domination des Arabes, par Cardonne. Paris, 1765. 3 vol. in-12, rel. veau plein.

660. Nouvelle relation de l'intérieur du sérail du Grand-Seigneur, par J.-B. Tavernier. Paris, 1681. In-12, veau brun.

661. Les crimes des Empereurs turcs, depuis Osman Ier jusqu'à Sélim IV, avec gravures, par Prudhomme. Paris, an iii. In-8, br.

662. D'Angers au Bosphore, pendant la guerre d'Orient, Constantinople, Athènes, Rome, souvenirs d'Anjou à Naples, Malte, par M. V. Godard-Faultrier. Paris, 1858. Gr. in-8, br.

663. Les Voyages de Jésus-Christ, ou Description géographique des principaux lieux et monuments de la Terre Sainte, avec carte et plan de Jérusalem. Paris, 1831. In-8, bas.

664. Histoire des aventuriers flibustiers qui se sont signalés dans les Indes, par Æxmelin, continuée par Raveneau de Lussan et Johnson. Lyon, 1774. 4 vol. in-12, bas.

665. L'Indoustan, ou Religion, mœurs, usages, arts et métiers des Indous, ouvrage orné de 104 planches coloriées, par M. P. Paris, 1816. 6 vol. in-18, veau plein.

666. Etudes sur le droit civil des Indous, recherches de législation comparée sur les lois de l'Inde, les lois d'Athènes et de Rome, et les coutumes des Germains, par Gibelin. Pondichéry, 1846. 2 vol. in-8, br.

667. Annales des Lagides, ou Chronologie des rois grecs, d'Egypte, par Champollion-Figeac. Paris, 1819. 2 vol. in-8, rel., dem.-veau.

668. Recherches sur les antiquités de l'Amérique septentrionale, par B. Warden. Paris, 1827. In-4, br.

Blason. — Histoire de la noblesse. — Généalogie.

669. La Méthode du blason, par le P. Menestrier. Paris, 1688. In-12, veau. *Figures.*

670. — Le même. Lyon, 1734. In-12, v. brun.

671. L'Art héraldique, contenant la manière d'apprendre facilement le blason, par Baron, escuyer. Paris, 1687. In-12, veau, figures.

672. L'Art héraldique, contenant la manière d'apprendre facilement le blason, enrichi des figures nécessaires pour l'intelligence des termes, par M. Baron, escuyer. Nouvelle édition revue par M. Playne. Paris, 1693. In-12, veau brun, exempl. colorié.

673. L'Art héraldique, contenant la manière d'apprendre facilement le blason. Nouvelle édition, revue et augmentée par Playne. Paris, 1717. In-12, veau.

674. Les principes du blason, où l'on explique toutes les règles et tous les termes de cette science, avec figures. Paris, Nicolas Simart, 1715. In-4, rel. veau.

675. Cours abrégé de blason, suivi d'une notice détaillée sur les ordres de chevalerie, par Joseph Martin. Paris, 1824. In-12, br., fig.

676. Dictionnaire héraldique contenant tout ce qui a rapport à la science du blason, etc., par G. D. L. T. (Gastellier de la Tour). Paris, 1774. Pet. in-8, veau.

677. Armorial historique de la noblesse, par de Milleville. Paris. Gr. in-8, br., blasons.

678. Histoire de la chevalerie française, ou Recherches historiques sur la chevalerie, par Gassier. Paris, 1814. In-8, br.

679. Abrégé chronologique de l'histoire des ordres de chevalerie, depuis 1113 jusqu'en 1807, par Et. Dambreville. Paris, 1807. In-8, dem.-rel., veau. *Figures.*

680. Histoire de l'ordre du Saint-Esprit, par M. de Saint-Foix, historiographe des ordres du roi. Paris, 1775. 2 vol. in-12, veau.

681. Histoire de l'ordre royal et militaire de Saint-Louis, par M. d'Aspect, historiographe dudit ordre. Paris, 1780. 3 vol. in-8, veau marb.

682. Généalogies historiques des rois, empereurs, etc., et de toutes les maisons souveraines qui ont subsisté jusqu'à présent. Paris, 1636. 4 vol. in-4, veau plein, blasons.

683. Histoire généalogique des maisons souveraines de l'Europe, depuis leur origine jusqu'à présent, par M. V***. Paris, 1811. 2 vol. in-8, br.

684. Généalogie des maisons souveraines de l'Europe, depuis le 1er janvier 1846 jusqu'à Guillaume Ier le Conquérant et depuis Guillaume jusqu'à l'empereur Charlemagne. Paris, 1846. In-fol., br.

685. Histoire générale des maisons souveraines, princières et ducales, et des autres maisons nobles, etc., etc. Paris, 1853-54. In-fol., br. Portraits et blasons coloriés.

686. Tablettes chronologique, généalogique et historique des maisons souveraines de l'Europe, par M. V... Paris, 1812. In-18, br.

687. Armorial général de la France, par d'Hozier. Paris, 1821. 3 vol. in-4, cart.

688. Histoire généalogique et chronologique de la maison royale de Bourbon, par Achaintre. Paris, 1825. 2 vol. in-8, dem.-rel. veau.

689. La noblesse de France aux croisades, publié par P. Roger. Paris, 1845. In-4, br., fig.

690. Armorial des familles nobles de France, par M. de Saint-Allais. Paris, 1817. In-8, br.

1re livraison.

691. Etat de la noblesse bretonne déclarée d'ancienne extraction, par le comte du Plessis de Grenedan. Rennes, 1844. In-8, br.

692. Recueil concernant le tribunal de nos seigneurs les maréchaux de France, par M. de Beaufort. Paris, 1784. 2 vol. in-8, rel. veau plein.

693. Armorial général de la chambre des pairs de France, gravé par Lefèvre. Paris, 1822. In-4, cart., 286 pl.

694. Tableau historique de la noblesse militaire, par M. le comte de Waroquier de Combles. Paris, 1784. In-8, br.

695. Archives historiques des souverains et personnages distingués de toutes les nations. Paris, 1853. Gr. in-4, br., fig. et blasons coloriés.

696. L'Art de composer des livrées au milieu du XIXe siècle, par de Saint-Epain. 1853. In-12, br.

697. Traité de la noblesse, de ses différentes espèces, de son origine, etc., par Gilles André de la Roque. Paris, 1678. In-4, veau brun.

698. Recherches historiques sur les dignités et leurs marques distinctives chez différents peuples, tant anciens que modernes. Paris, 1808. In-8, br.

699. Essais sur la noblesse de France, contenant une dissertation sur son origine et abaissement, par feu Boulainvilliers. Amsterdam, 1732. In-8, veau fauve.

700. De la noblesse flamande de France, en présence de l'art. 259 du Code civil, par L. Bœcker. Paris, 1859. In-12, br.

701. De la noblesse et de l'application de la loi contre les usurpations nobiliaires, par Pol de Courcy. Paris, 1859. In-12.

702. Lettres sur l'origine de la noblesse française. Lyon, Jean de Ville, 1763. In-12, rel. veau.

703. La noblesse commerçante (par l'abbé Coyer). Londres, 1756. In-12, bas.

Archéologie ancienne et moderne.

704. Lettre sur la topographie de Babylone, écrite à M. Mohl par M. Fresnel. Paris, 1853. In-8, br.

705. Aperçu sur les hiéroglyphes d'Égypte, par Brown. Paris, 1827. In-8, avec une planche représentant les alphabets égyptiens.

706. Lettre sur l'interprétation des hiéroglyphes égyptiens, adressée à M. Prisse-d'Avesnes, par Michel-Ange Lanci. Paris, 1847. Gr. in-8, br., fig.

707. Précis du système hiéroglyphique des anciens Égyptiens, par Champollion le jeune. Paris, 1824. In-8, relié veau plein.

708. Nouvelle explication des hiéroglyphes ou des anciennes allégories sacrées des Égyptiens, par Lenoir. Paris, 1809. 3 vol. in-8, veau plein, fig.

709. Trois dissertations sur l'inscription de Delphes citée par Pline sur l'ouvrage d'Anasumenes de Lampsaque, intitulé les Peintures antiques, sur la signature des œuvres de l'art chez les anciens, par Rossignol. Paris, 1850. In-8, br.

710. Antiquités grecques, ou Tableau des mœurs, usages et institutions des Grecs, traduit de l'anglais de Robinson. Paris, 1822. 2 vol. in-8, br.

711. Recherches historiques sur le luxe chez les Athéniens depuis les temps anciens jusqu'à Philippe de Macédoine, par Chr. Meiners. Paris, 1823. In-8, demi-rel.

712. Dissertation sur les attributs de Vénus, par l'abbé De la Chau. Paris, 1776. Gr. in-8, br.

713. Mémoire sur les représentations figurées du personnage d'Atlas, par Raoul-Rochette. Paris, 1835. In-8, demi-rel. chag., fig.

714. Recherches sur les monuments cyclopéens et description de la collection des modèles en relief composant la galerie pélasgique de la bibliothèque Mazarine. Paris, 1841. In-8, demi-rel.

715. Antiquités grecques du Bosphore cimmérien, publiées et expliquées par Raoul-Rochette. Paris, 1822. In-8, demi-rel. chag., pl.

716. Mémoires sur des tombeaux gallo-romains, par T. N. Langlois. Rouen, 1829. In-8, br., fig.

717. Découverte de la maison de campagne d'Horace, par l'abbé Capmartin de Chaupy. Rome, 1767. 3 vol. in-8, rel. veau plein, fig.

718. Recueil de pierres gravées antiques. 100 planches in-4, cart.

719. Description des principales pierres gravées du cabinet de S. A. S. monseigneur le duc d'Orléans, premier prince du sang. Paris, 1784. 2 vol. in-fol., fig., cart., non rognés.

720. Mélanges d'épigraphie, par Léon Renier. Paris, 1854. Gr. in-8, broché.

721. Recherches sur la peinture en émail dans l'antiquité et au moyen âge, par Jules Labarte. Paris, 1856. In-4, br., fig. col.

722. Monographie du coffret de M. le duc de Blacas, par Mignard. Paris, 1852. In-4, cart.

723. Mélanges d'archéologie, par Séb. Bottin. Paris, 1831. In-8, br.

724. Manuel élémentaire d'archéologie nationale, par l'abbé Jules Corblet. Paris, 1851. In-8, relié veau plein, filets et ornements. *Figures.*

725. Archéologie chrétienne ou Précis de l'histoire des monuments religieux du moyen âge, par l'abbé J. J. Bourassé. Tours, 1844. In-8, br., fig.

726. Manuel du jeune archéologue, par l'abbé Lacurie. Saint-Jean-d'Angely, 1842. In-8, br.

727. Abécédaire, ou Rudiment d'archéologie (architecture civile et militaire). Paris, 1858. In-8, fig.

728. Manuel d'archéologie religieuse, civile et militaire. Paris, 1845. In-8, br., pl.

729. Le Bâton pastoral, étude archéologique, par l'abbé Barrault et Arthur Martin. Paris, 1856. Gr. in-4, br., fig.

730. Recherches historiques sur les enseignes des maisons particulières, par De la Querrière. Paris, 1852. In-8. br., fig.

731. Essai sur les girouettes, épis, crêtes et autres décorations des anciens, combles et pignons, par De la Querrière. Paris, 1846 In-8, broché.

732. Rapport sur les sépultures, présenté à l'administration de la Seine par Cambry. Paris, an VII. In-4, cart., fig.

733. Recherches historiques sur les corporations des archers, arbalétiers et arquebusiers, par Victor Fouque. Chalon-sur-Saône, 1852. In-8, br.

734. Labourt. Recherches sur l'origine des ladreries, maladreries et léproseries. Paris, Guillaumin, 1854. In-8. br.

735. Recherches sur l'origine des ladreries, maladreries et léproseries, par Labourt. Paris, 1854. In-8, br.

736. Médailles illustrées des anciens empereurs et impératrices de Rome, par Jean-Baptiste Le Menestrier. Dijon, 1642. In-4, v.

737. Mélanges de numismatique et d'histoire, ou Correspondance sur les médailles et monnaies des empereurs d'Orient, etc., par Marchant. Paris, 1818. In-8, bas, fig.

738. Notice sur la rareté des médailles antiques, leur valeur et leur prix, calculés par approximation, d'après Pinkerton et Lipsius, par G. Jacob. Paris, 1828. Br. in-8.

739. Description des médailles antiques grecques et romaines, par Mionnet. Paris, 1821. In-8, demi-rel. Recueil des planches.

740. Considérations historiques et artistiques sur les monnaies de France, par Benjamin Fillon. Fontenay-Vendée. In-8, fig., br.

741. Vingt-trois pièces des monétaires mérovingiens et une du roi visigoth Swintilla, par J. Lelewel. Lille, 1837. Br. in-8. Tiré à cinquante exemplaires.

742. Manuel de l'amateur de jetons, par de Fontenay. Paris, 1854. In-8, fig., br.

743. Descriptive catalogue of a cabinet of roman imperial large brass

Medals by captain William Henry Smyth. Bedford, 1834. Cartonné, in-4.

744. Aperçu sur les monnaies russes, par le baron S. de Chaudoir. Saint-Pétersbourg, 1836. 2 vol. in-8, br., dont 1 de planches.

Imprimerie. — Bibliographie.

745. Traité de la typographie, par Fournier. Paris, 1825. In-8. Demi-rel. chag.

746. Quelques détails sur les produits de l'Imprimerie impériale de France, par D'Escodeca de Boisse. Paris, 1855. In-8, br.

747. Notice historique sur l'imprimerie, par Paul Dupont. Paris, 1849. In-4, br.

748. Histoire de l'imprimerie, par P. Dupont. Paris, 1854. 2 vol. in-12, br.

749. Histoire de l'imprimerie et des arts et professions qui se rattachent à la typographie, par Paul Lacroix (bibliophile Jacob). Paris, 1852. Gr. in-8, br., fig.

750. Traité élémentaire de l'imprimerie, ou le Manuel de l'imprimeur, avec 36 planches en taille-douce, par Ant.-Franç. Momoro. Paris, 1796. In-8, bas.

751. Essai philologique sur les commencements de la typographie à Metz, et sur les imprimeurs de cette ville. Metz, 1828. In-8, br.

752. De l'état réel de la presse et des pamphlets, depuis François Ier jusqu'à Louis XIV, par M. C. Leber. Paris, 1834. In-8, br.

753. Lettre trentième concernant l'imprimerie et la librairie de Paris, traduite de l'anglais avec des notes, par Crapelet, imprimeur. Paris, 1821. Gr. in-8, cart., non rogné.

754. Manuel du Bibliophile, ou Traité du choix des livres, par G. Peignot. Dijon, 1823. 2 vol. in-8, br.

755. Dictionnaire historique et bibliographique, etc., etc., par G. Peignot. Paris, 1822. 4 vol. in-8, dem.-rel., chag.

756. Nouveau Dictionnaire de bibliographie, seconde édition, par Fournier. Paris, 1809. In-8, dem.-rel.

757. Nouveau Dictionnaire portatif de bibliographie, par Fournier. Paris, 1809. In-8, bas.

758. Annales de l'imprimerie des Alde, par Renouard. Paris, 1825. 3 vol. in-8, br.

759. Bibliographie administrative, par un employé du ministère de l'intérieur. Paris, 1848. In-8, br.

760. Bibliographie voltairienne, par J.-M. Quérard. Paris. In-8, br.

761. Catalogue des ouvrages mis à l'index. Paris, 1825. In-8, bas.

762. Bibliothèque dramatique de Monsieur de Soleinne, rédigé, par P. L. Jacob, bibliophile. Paris, 1844. 5 vol. in-8, rel. en 4 in-8, dem.-bas.

763. Lettre d'un Relieur français aux principaux imprimeurs, libraires, relieurs et bibliophiles de l'Europe. Paris, 1834. Gr. in-8, cart.

764. Catalogue des ouvrages mis à l'index contenant le nom de tous les livres condamnés par la cour de Rome, depuis l'invention de l'imprimerie jusqu'en 1825. Paris, 1826. In-8, br.

765. Catalogue des livres, manuscrits, dessins et estampes, formant le cabinet de M. Borluut de Noortdonck. Gand, 1858. 2 vol. in-8, br.

766. Notice historique sur la bibliothèque mazarine, par L.-C.-F. Petit Radel. Paris, 1819. In-8, cart., fig.

Biographie. — Mélanges historiques.

767. Biographie des rois, des empereurs et des papes, par Laponneraye. Paris, 1837. 2 vol. gr. in-8, dem.-veau.

768. Histoire littéraire des femmes françaises, ou Lettres historiques et critiques, par une société de gens de lettres. Paris, 1769. 5 vol. in-8, veau marb.

769. Répertoire universel, historique, biographique, des femmes célèbres mortes ou vivantes, publié par L. P. Paris, 1827. 4 tomes en 8 vol. in-8, br.

770. Histoire de Pierre d'Aubusson-la-Feuillade, grand maître de Rhodes, par le P. Bouhours, de la Compagnie de Jésus. Paris, 1806. In-4, demi-maroq. rouge.

771. Notice biographique et littéraire sur Marguerite d'Angoulême, sœur de François Ier, par Eusèbe Castaigne. Paris, Techener, 1837. In-18, br.

Tirage à 60 exemp.

772. Essai sur la vie et les ouvrages de Marguerite d'Angoulême, reine de Navarre, précédé d'une notice sur Louise de Savoie sa mère, par Leroux de Lincy. Paris, 1853. In-8, br.

773. L'illustre châtelaine des environs de Vaucluse, la Laure de Pétrarque, dissertations, critiques, sur les diverses opinions des écrivains qui se sont occupés de cette belle Laure, etc., etc., par Olivier-Vitalis. Paris, 1842. Gr. in-8, br.

Figures.

774. Essai sur la vie et les ouvrages de Henri Estienne, par Léon Feugère. Paris, 1853. In-12, br.

775. Recherches historiques, critiques et bibliographiques sur Améric Vespuce et de ses voyages, par de Santarem. Paris, 1842. In-8, br.

776. Di Marco Polo e degli Altri Viaggiatori Veneziani. Venezia, 1818. 2 vol. in-4, rel. en 1, dem.-veau.

777. Histoire de Réné d'Anjou, par le vicomte de Villeneuve-Bargemont. Paris, 1825. 3 vol. in-8, dem.-rel. veau, fig.

778. Jeanne d'Arc est-elle Lorraine ? Seconde dissertation, par Henri Lepage. Nancy, 1855. In-8, br., 90 p.

779. Notice sur Pierre de Brach, poëte bordelais du XVIe siècle, par Reinhold Dezeimeries. Paris, 1848. In-8, br.

780. Nouveaux documents inédits ou peu connus sur Montaigne, recueillis et publiés par M. Payen. Paris, 1850. In-8, br.

781. Histoire de la vie et des ouvrages de J. de la Fontaine, par C. A. Walckenaer. Paris, 1820. In-8, fig., br.

782. Mémoires sur la vie de mademoiselle de Lenclos, par M. B*** (Bret). 1 vol. in-12. Lettres de mademoiselle Ninon de Lenclos. 2 vol. in-12. Amsterdam, 1775. Ens., 3 vol. in-12, br.

783. Notice bibliographique des ouvrages de M. de Lamennais, de leurs réfutations et de leurs apologies, et des biographies de cet écrivain, par J.-M. Quérard. Paris, 1849. In-8, br.

784. Notice sur madame la vicomtesse de Noailles. Paris, 1855. In-8, pap. fort.

785. M. Cousin. Paris, 1859. In-8, br.

786. Esquisses biographiques extraites des tablettes généalogiques de la maison de Gœthals, par l'évêque de la Basse-Mouture. Paris, 1837. In-8, br., avec portraits et fac-similes.

787. Variétés historiques, biographiques et littéraires, par A. Pericaud. Lyon, 1836-37. In-8, br.

Tiré à 100 exemplaires.

788. Une Lettre inédite de Montaigne, par Ach. Jubinal. Paris, 1850. In-8, avec fac-simile, br.

789. Lettre de M. le comte de Salvandy sur quelques-uns des manuscrits de la Bibliothèque royale de La Haye, par Jubinal. Paris, 1846. Gr. in-8, br.

790. Description des manuscrits français du moyen âge de la Bibliothèque royale de Copenhague, par C.-L. Abraham. Copenhague, 1844. In-4, br.

Paris. — Imp. de Pommeret et Moreau, 42, rue Vavin.

www.ingramcontent.com/pod-product-compliance
Ingram Content Group UK Ltd.
Pitfield, Milton Keynes, MK11 3LW, UK
UKHW021514260726
13993UKWH00004B/1660